十天內，使自己成為說話高手

溝通心理學

communicative Psychology

張笑恒 著

前言

無論你將選擇什麼樣的生活方式，樹立怎樣的人生目標，只要身處社會，就無可避免地要與他人交往、溝通。

正所謂「三寸之舌，強於百萬雄兵；一人之辯，重於九鼎之寶」。語言從古至今都充滿著獨特的魅力和無窮的力量，它作為人際交流必不可少的工具在人類歷史的長河中一直發揮著不可替代的作用。那些不善言辭的人，在交往中將會處處受限，寸步難行。而能說會道的人，則將左右逢源，如魚得水。

那麼，怎樣說話才能稱得上是說話高手呢？

真正的高手能在恰當的時機，對恰當的人，說出恰當的話，輕鬆地達到自己所追求的目的和效果。

然而，生活中卻有很多人被不會說話所困擾，從而錯失了不少機遇。比如：有些人在聚會中或者面對陌生人時，語言總顯得羞澀、生硬；有些人遇到急事，說話就會變得磕磕絆絆，語無倫次；有些人對別人的規勸明明是出於好意，卻總是讓對方難以接受甚至產生厭煩的心理；有些人則在語言上把握不好自己的角色和分寸，不是惹惱了上司，就是疏遠了同事和下屬……而在那些精於說話之道的人看來，這都是些不值一提的小事，無論家庭、友誼還是事業，總是顯得順順當當。

之所以會產生這樣的差距，就在於對語言藝術的掌握和運用上，正所謂「難者不會，會者不難」。而其中的奧妙，其實還是在技巧的方寸之間，要看拿捏！而人說話的本領並非來自天賦，而是需要我們用特有的敏銳洞察力去感悟，需要在生活的每一個片段中不斷地搜尋、提煉，把它與自己的生活融會貫通，使之真正為己所用。

本書根據人們的日常用語習慣和所遇到的問題和障礙，通過生動的故事、透徹的分析、通俗易懂的語言，提供了說話藝術的方法和技巧，讓大家在趣味性的閱讀中領悟語言的智慧與力量。通過十天的系統訓練，將你打造成一個真正的說話高手，而處處逢源，馬到成功！

目錄
Contents

第三天 言之有情

——會說話的人，能把話說到對方心窩裡

目錄
Contents

第四天　言之有趣
——愉人悅己，幽默談吐自有魅力

第五天　言之有蜜
——話如品茗，會讚揚更要巧批評

第六天　言之有別

——話隨人變，到什麼山頭唱什麼歌

目錄
Contents

第八天　言之有依——有理有據，談判說服巧攻心

第九天　言之有隱——嘴上帶把尺，最好點到為止

目錄
Contents

第一天 言之有技
——要會說話，更要說好話

每個人都希望自己能有個好口才，能夠在眾人面前侃侃而談、繪聲繪色。好口才不是天生的，能說會道也並非難事，只要你瞭解對方心理活動的規律，掌握語言表達技巧，你也同樣可以成為說話高手。

天天說話並不見得就能把話說好

也許你會說：「說話還不簡單？我們天天不都在說著嗎？」沒錯，我們是每天都在說話，可是要想把話說好卻不那麼容易。我們在日常生活與人交流中大概也有體會；有的人說起話來，娓娓動聽，使人聽了全身的筋骨都感覺到舒服；有的人說起話來，鋒芒銳利，像是一柄利刃，令人感覺到十分恐懼；有的人巧嘴一張，便讓人滿心歡喜；有的人不超過三句，肯定讓人好感全無……

那麼，怎樣說話才能稱得上是能說會道呢?就是在恰當的時機，對恰當的人，說出恰當的話。但是，要想真正達到這一效果和境界，卻不那麼容易。

一天晚上，國王夢到自己滿口的牙齒都掉光了，醒來後覺得心情很不好，擔心是什麼凶兆，於是，便命人請來解夢人解夢。

國王問他們：「為什麼我會夢見自己滿口的牙全掉光了呢?這代表著什麼？」

第一個解夢人聽後解釋道：「國王陛下，這個夢的意思是，在你所有的親屬全部死去以後，你才會死。」

國王一聽，勃然大怒，覺得十分晦氣，命人將他杖責二百之後趕出王宮。

接著又問第二個人：「你呢?你的解釋也和他一樣嗎？」

第二個解夢人說：「不，國王陛下，這個夢的意思是，您將是您所有親屬當中，最長壽的一位！」國王聽後，立即露出了笑容，直誇這位解夢人有學問，並命人賞了一百枚金幣給他。

兩個回答明明說的是一個意思，為什麼一個會挨打，另一個卻受到嘉獎呢？這就是會說話和不會說話的區別。

生活中也是如此，有些人在聚會或者面對陌生人時，語言總顯得生澀、僵硬；有些人遇到急事，說話就會變得磕磕絆絆，語無倫次；有些人對別人的規勸明明是出於好意，卻總是讓對方難以接受甚至產生厭煩的心理；有些人則在語言上把握不好自己的角色和分寸，不是惹惱了上司，就是疏遠了同事和下屬……諸如此類的問題，常常困擾著他們生活的方方面面，讓他們錯失了不少機遇。而對於那些精於說話之道的人看來，這卻都是些不值一提的小事。

之所以會產生這樣的差距，就在於對語言藝術的認識上。「難者不會，會者不難」，很簡單的八個字道出了其間的真道理。而會與不會的奧妙，其實還是在技巧的方寸之間，要看拿捏！

律師出身的美國著名演說家戴普曾經說過：「世界上再沒有什麼比令人心悅誠服的交談能力更能迅速獲得成功與別人的欽佩了，這種能力，任何人都可以培養出來。」

要想做到善於言談，**首先就要做到吐字清晰，有正確的發音**。對於每一個字，都必須發音準確、清楚。這些發言可以依靠平時的練習、注意別人的談話、朗讀書報、多聽廣播等各種途徑來達到。良好的談話，應該以大方、熟練和生動的語言來表達你的意思，使你說的話多彩多姿、扣人心弦。

其次，還要注意，**說話的速度不能太快，但也不能太慢**。說話太快對方可能來不及反應，而且自己也會覺得累。有些人可能覺得話說得快一些可以節省時間。可我們要清楚：說話的目的是使對方領悟你的意思，要讓對方能聽明白，如果你說得太快，對方沒有聽明白，你就是在做無用功。當然，說話不能快，並不代表說話要慢，說話太慢也是不可取的，既浪費時間，也使人聽得不耐煩。

再次，**說話要看場合，否則就會使人厭煩**。比如在閱覽室說話，你要顧及到周圍的安靜，聲音不能太大。假如你是對眾人演說，要注意自己說話的聲音是否每一個人都能聽得到，你的聲音就必須足夠大。

此外，**表達忌華而不實**。有些人在講述一件事情的時候，為了顯示自己的才華，極力使用華麗的辭藻來修飾語句，用重複的形容詞、或用西方語言特有的修飾手法、或穿插一些歇後語和俏皮話，甚至引用經典、名人語錄，這樣堆砌起來的文字、語言華而不實，思想匱乏。

最後，**用詞避免過於重複**。比方說，說一句「怎麼了？」就夠了，而有些人卻要說「怎麼了？怎麼了？」幫別人辦事的時候，說一兩個「好」就足夠了，但有些人卻說「好好好好……」或者說「再見再見再見，再見啊」，重複的詞語一般用在加強語氣時，其他的時候大可不必使用。

正所謂「三寸之舌，強於百萬雄兵；一人之辯，重於九鼎之寶」。征服一個人，以至於征服一群人，用的往往不是刀劍，而是舌尖。讓自己成為一名「會」說話的人，乃是我們需要窮其一生來學習的藝術！

控制好說話節奏

口語中有規律性的變化，稱為節奏。節奏主要體現為快慢和停頓，該快的時候快，該慢的時候慢，這樣有起有伏，有輕有重，才能形成口語的樂感，使語言聽起來悅耳動聽。否則，話語就會顯得呆板，既無節奏也不動人。

說話的節奏取決你個人的說話習慣，包括精神狀態、聲調、口音、語言的格調、音量、音調高低、快慢速度、措辭、表達能力等方面。把握說話的節奏，只要掌握好什麼時候應該減速，什麼時候應該加速就可以了。

第一，在這些地方說話時應該減速：語言中需要特別強調的事情，勉強控制的感情，會讓人產生疑慮的事情，極為嚴肅的事情，資料、地名和人名等。

第二，在這些地方說話時應該加速：大家都知道和清楚的事情，不太重要的事情，一個故事進入高潮階段時，強烈的、無法控制的感情等。

說話的節奏如同說話時的語氣一樣，其強弱快慢都會影響到聽眾的情緒。說話的節奏不同，給人的感覺也不同。說話的節奏快了，會讓人覺得急促；說話的節奏慢了，會讓人覺得情緒平緩。所以，在說話時，一定要根據具體的情況，運用恰當的說話節奏，把自己的感覺表達出來。

此外，下面六種語言節奏是口才高手們所經常運用的，你若能有效地掌握就能起到打動人心的效果。

第一種：凝重型。這種節奏聽來一字千鈞，句句著力。聲音適中，既不高亢，也不顯低沉，重點詞語清晰沉穩，次要詞語不滑不促。用於發表議論和某些語重心長的勸說、抒發感情等。

第二種：舒緩型。舒緩型節奏，是一種穩重、舒展的表達方式。聲音不高也不低，語速從容，既不急促，也不大起大伏。說明性、解釋性的敘述，學術探討等宜用這種節奏。

第三種：緊張型。緊張型節奏，往往顯示迫切、緊急的心情。聲音不一定很高，但語速較快。用於重要情況的彙報，必須立即加以澄清的事實申辯等。

第四種：低沉型。這種節奏使人得到低緩、聲音偏暗的效果。語速偏慢，語氣壓抑，語勢多下行，用於悲劇色彩的事件敘述，或慰問、懷念等。

第五種：高亢型。高亢的節奏能產生威武雄壯的效果，聲音偏高，起伏較大，語氣昂揚，語勢多上行。用於鼓動性強的演說、敘述一件重大的事件、宣傳重要決定及使人激動的事等。

第六種：輕快型。輕快型節奏是最常見的，聽者不費力，而多揚少抑。日常性的對話，一般性的辯論，都可以使用這類型的節奏。

以上這六種節奏分別用於不同的場合，不同的環境，但又互相滲透，有主有輔，只有適當把握，才能顯示出技巧的內在力量。

口才出色的人，對語言節奏的掌握也能隨心所欲。他們說話時引經據典，抑揚頓挫，詼諧幽默，引人入勝，與這樣的人談話簡直是一種藝術的享受。就像一個出色的鋼琴家，將語言的節奏化作優美的樂譜而隨指輕彈，演奏出一曲動人心弦的旋律。對於他們，不要只是欽佩和羨慕，要注意學習以彌補自己不足的地方。相信通過努力，你也能變成一個口吐蓮花的人。

言簡意賅，別人才會喜歡你

口才最差的人，往往可能就是那些喋喋不休的人，說了一大堆，也沒有說出主旨。語言的精髓，在精而不在多。口才高手往往能用最凝練的話語來表達盡可能豐富的意思。

在劍橋大學的一次畢業典禮上，整個大禮堂裡坐著上萬名學生。他們在等待偉人邱吉爾的到來。在隨從的陪同下，邱吉爾準時到達，並慢慢地走入會場，走向講臺，站到講臺上。

邱吉爾脫下他的大衣遞給隨從，接著摘下帽子，默默地注視著臺下的觀眾。一分鐘後，邱吉爾才緩緩地說出了一句話：「Never Give Up！」（永不放棄！）說完這句話，邱吉爾穿上了大衣，戴上帽子，離開了會場。

整個會場鴉雀無聲，頃刻間掌聲雷動。

邱吉爾僅僅用了幾個字就將自己要演講的內容說了出來。講話簡練有力，才能使人興味不減。有理不在話多，除非萬不得已，否則儘量不要與別人周旋繞圈，而應抓住關鍵，簡明乾脆地將自己的意思傳遞出去。

一位著名律師曾說過：在一場官司的辯論過程中，如果第七點議題是關鍵所在，我寧願讓對方在前六點占上風，而我在最後的第七點獲勝。這一點正是我經常打贏官司的主要原因。

可見，並不見得要用冗長的語言才能將問題說清楚，簡潔的語言往往更有效果，也更受人歡迎，同時，更能體現出一個人的睿智。

那我們應該怎樣才能夠做到言簡意賅呢?要做到以下幾點。

第一，重要的是要培養自己分析問題的能力，要學會透過事物的表面現象，把握事物的本質特徵，並善於綜合概括。在這個基礎上形成的交流語言，才能準確、精闢，有力度，有魅力。

第二，同時還應盡可能多地掌握一些詞彙。福樓拜曾告誡人們：「任何事物都只有一個名詞來稱呼，只有一個動詞標誌它的動作，只有一個形容詞來形容它。如果講話者詞彙貧乏，說話時即使搜腸刮肚，也絕不會有精彩的談吐。」

第三，「刪繁就簡」也是培養說話簡潔明快的一種有效方法，說話要簡練，最好把複雜的話能夠簡單地說出來。這樣才會明白易懂，使大家都愛聽。

當然，長話短說也要分清對象。假如對方跟你並不是很熟悉，而你一上來就直奔主題，勢必讓人感到唐突，效果也不會達到最佳。而針對那些跟自己關係比較熟識的人，或者是在一些比較正式的場合，如果能做到抓住要點，一針見血，刪除掉那些毫無用處的廢話，就一定會很快吸引聽眾，使他們迅速地進入主題。

人們最討厭廢話連篇、半天說不到重點上的人。言簡意賅，不說廢話，這樣才顯得說話的人幹練。所以，在與人交往時，注意說話要簡潔一點，這樣才能夠處處受到人們的歡迎。

話多不如話少，話少不如話好

話多而不精之人，就是話癆之人，如同蒼蠅一樣「嗡嗡」作響，怎會給人愉悅之心？又怎會受人歡迎呢？

據史書上記載，子禽問自己的老師墨子：「老師，一個人說多了話有沒有好處？」

墨子回答說：「話說多了有什麼好處呢？比如池塘裡的青蛙整天地叫，弄得口乾舌燥，卻從來沒有人注意牠。但是雄雞，只在天亮時叫兩三聲，大家聽到雞啼知道天就要亮了，於是都注意牠，所以話要說在有用的地方。」

墨子的話和古語「言不在多，達意則靈」一樣，說的都是講話要少而精的道理。說話滔滔不絕，就會留給他人一種「話雖多，修養少」的感覺。有些人為了在別人面前賣弄自己的所謂知識底蘊，便找一切有人的地方與人「死說爛道」，極盡所能地「賣話」，自以為口若懸河，頭頭是道，無奈他儲備不足，結果適得其反。

有一位求職者，本來已經獲得了主考官的通過，主考官告訴他：「請你在一周內等候我們的複試通知。」哪想這位求職者很傲慢地「通知」主考官：「請在三天內給我答覆，因為好幾家單位都打算錄用我。」一句話，所有的良好印象頓時煙消雲散。主考官斂起笑容，冷冰冰地回答：「那就請便吧！」

日常生活中，我們會經常遇到一些口無遮攔、以至於出口便會傷人的人。俗話說：「一句話能把人說笑，一句話也能把人說哭。」言語是思想的表達，它可以表現一個人的素質是高雅還是粗俗。如果你說出去的話能讓人覺得如沐春風，對方自然也會對你極為尊重。

古時候有個年輕的俠客騎馬趕路，天色漸黑，但前不著村後不著店。年輕的俠客正著急的時候，忽見前面來了一老人，他便在馬上高聲喊道：

「喂，老頭兒，離旅店還有多遠？」

老人回答：「五里！」

年輕的俠客於是策馬飛奔，向前馳去。

結果跑了十多里路，仍然不見人煙。他暗想，這老頭兒真可惡！居然對自己說假話，非得回去整治他不可。五里，五里，什麼五里！

猛然，他醒悟過來，這「五里」不是「無理」的諧音嗎？於是撥轉馬頭往回趕。見那位老人卻在路邊等他，他急忙翻身下馬，親熱地叫了一聲：「老大爺……」話沒說完，老人就笑瞇瞇地打斷他的話：「你已經錯過了路頭，如不嫌棄，可到我家一住。」

中國有句古話叫做「善有善報，惡有惡報」。說話也是如此。說給他人善語，他人自然會回報你良言。反之，倘若你對人惡語，對方自然也不會和你客氣。如果想要和他人接通情感的熱線，使交際暢通無阻，就應當得體地使用禮貌語和稱呼語。

當你掌握了說話精闢、言語巧妙的說話技巧後，你也就自然而然地成了受人喜歡和尊敬的說話高手了。

說話要注意語境和場合

在不同場合環境中，人們對他人的話語有不同的感受、理解，並表現出不同的心理承受能力。因此，說話要注意場合不同和語境差別，這一點尤為關鍵。

每個人都有自尊，也都很要面子。所以，通常在公眾場合中使用指責性說法最易引起人們反感。試想，如果這次批評是在兩個人之間私下進行的，對方一般也決不會頂撞，可能會很平靜地接受批評。但是在大庭廣眾之下，你不給人臺階下，結果肯定不妙。同樣一句話，在這裡說和在那裡說也有不同的效果。因此，在人際交往中，說什麼，怎麼說，一定要顧及場合環境，才有利於溝通。不顧及場合的心直口快是不值得提倡的。為了追求理想的表達效果，對於心直口快者來說，起碼應注意這樣幾個問題。

一、場合意識要在心理上強化

有些人在交際中主觀上缺乏場合意識，對人說話直出直入，惹人厭煩惱怒，落個常常把事情辦砸的結果。也許他們對人很誠實，但是遇事時往往只從個人主觀感覺出發，以為只要有話就應該說，心裡有什麼嘴上就說什麼，不管什麼場合環境就往外捅，結果有意無意地冒犯了人。自己還莫名其妙，不知道毛病出在哪裡。

有兩個老年朋友老王和老張平時愛開玩笑。

有一次兩人幾天沒有見，一見面老王就說：「你還沒有『死』呀？」

老張也不計較，回一句：「我等著給你送花圈呢！」

兩個人哈哈一笑了事。

後來老張因重病住進了醫院，老王去醫院看望，一見面想逗逗他，又說：

「你還沒有死呀？」

這一次，老張的臉一下子拉長了，生氣地說：「滾，你滾！」把他趕了出去。

人家正在病中，心理壓力本身就很大。這時老王在病房裡對著憂心忡忡的老張說「死」，顯然是沒考慮場合，人家怎能不反感、惱火？其實，老王說這話也是好意，想給對方開開心，只可惜他缺乏場合意識，開玩笑弄錯了地方，才鬧出了不愉快。

這個事例說明，有些人說話所以惹惱人，並不是他們不會說話，而是場合觀念淡薄，頭腦中缺乏這根弦。所以，對於這些人來說，當務之急在於增強場合意識，懂得不同場合對說話內容和方式的特定限制與要求，時時不忘看場合說話，應當努力做到在每次參加交際活動時，要把場合大小、人數多少及其相互關係搞清楚，據此確定自己的說話內容和方式。在具體說法上，既要考慮自己的交際目的，又要顧及他人的「場合心理」，追求主客觀的高度一致。

二、不良情緒自己要善於控制

經驗證明，人們忽略場合因素，造成語言失控，還常常發生在情緒衝動之時。比如，有的人喝酒之後，或遇到興奮事情時，情緒十分激動，甚至忘乎所以，不能自控，便會說出一些與場合氣氛不協調的話來，造成不良後果。

有個特能侃的青年，在朋友的婚禮酒席上，大侃自己的見聞，逗得人們哈哈大笑。不料他心血來潮，講起了一個新婚之夜新郎殺死新娘的奇聞。還沒等他說完，新娘的臉色就變了，新郎見狀也火了，不客氣地把他轟了出去。

這個青年的失言就是由於情緒失控造成的。在喜慶場合賣弄自己的口才，說與場合氣氛很不協調又不吉利的話題，難免會惹惱人。

三、談吐上的慣性要自覺擺脫

人們的言行往往帶有一定的習慣性。有些不當的話語並不是主觀上想這樣說，而是受習慣的支配，一不留神順嘴溜出來，造成與場合環境的不協調，事後連他們自己也感到後悔。

王毅陪妻子高高興興上街買東西。在熙熙攘攘的商場裡，妻子興致很高，從這個櫃檯到那個櫃檯，買了這件，又看那件。

快到中午了，妻子仍沒有打道回府的意思，王毅有些不耐煩了。當妻子提出再買幾件高檔羊毛衫的時候，他忍不住地說：「你還有完沒完，見什麼買什麼，你掙多少錢哪？」

這句話剛出口，顧客們都朝他們身上看，妻子本來微笑的臉頓時變了樣，生氣地反駁道：「怎麼，我還沒有花夠錢呢，你急什麼？我就要買，怎麼著！」直把王毅頂得說不出話來，難堪極了。接著發怒的妻子也不買了，自個走出商店。

使王毅不解的是，妻子的性格本來很溫順，在家裡從來不大聲說話，更不要說發火了，說她什麼都不計較，可今天為什麼她的火氣這麼大呢？

很顯然，是王毅忽略了場合因素，把在家庭中慣用的說法拿到公眾場合來，用生硬口吻指責妻子，刺傷了妻子的自尊心，才引發妻子為維護自己的面子表現出強硬態度。

所以，心直口快的人必須有意識地擺脫自己口語表達上的慣性，養成顧及場合，隨境而言的良好表達習慣。在交際活動中，要把交際對象、交際場合、交際時間等多種相關因素都考慮進去，想一想如何張口，選擇最恰當的方式說話，以使自己的談吐既符合場合要求，又符合對象的接受心理，最大限度地實現與交際對象的溝通。

言語失誤時，也別亂了分寸

「馬有失蹄，人有失足。」同樣，在日常的交際生活中，無論你是一個萬眾矚目的名人，還是一個普普通通的凡人，都免不了會發生一些言語上的失誤。雖然這其中的原因有別，但是它們所造成的後果卻是非常相似的：貽笑大方，給對手落下話柄等。

當你在工作或者生活中，一不小心說錯了話，惹怒了他人，你不必焦急和煩惱，也不要急於求成進行道歉，那樣會亂了方寸。你首先應該穩住自己的情緒，使心情平靜下來，然後要對情境和任務做冷靜的分析並訂出必要的行動計畫。

那麼，能不能採取一定的補救措施或者矯正之術，去避免這些由言行上的失誤所帶來的難堪局面呢？回答是肯定的。當然，這種以白補黑終顯灰，並不是包醫百病的靈方妙藥，但至少吃一塹長一智，多看看別人的例子，對於我們走出言語失誤的尷尬會很有大的幫助。

一、坦率道歉莫遮醜

倪萍在一次主持時，本來是要求觀眾上臺把一個個的球放進筐子裡，但是由於她出語太快，一時慌亂，竟說成了「把筐子放進球裡」。

話一說出來，倪萍馬上就意識到了自己的口誤。不過，她很快鎮定下來，邊笑邊歉意地說道：「哎喲，瞧我樂的，把話都說反了。我也沒這個本事，把這麼大的筐子放進這麼小的球裡啊，還是把球放進筐子裡吧。遊戲開始！」

倪萍在節目中坦然地承認了自己的口誤，同時又用自嘲風趣的話語逗樂了現場的觀眾，使遊戲節目的現場更加火熱了起來。

可見，對待言語上的失誤，有時候公開道歉比「猶抱琵琶半遮面」的掩飾更為有效。公開道歉不但能贏得大家的原諒，更能體現你為人的誠實與厚道。

二、借題發揮息眾嘩

阮籍在有一次上早朝的時候，有人報告：「有逆子殺死了他的母親！」性格直爽的阮籍向來是想到什麼就說什麼，於是不假思索地說：「他殺父親也就罷了，怎麼能殺母親呢？」

此言一出，滿朝文武一陣譁然，眾人都認為他這句話「大逆不道」。

阮籍話一出口，立刻意識到自己言語的失誤，他腦袋一轉，想出了一個解釋的好法子：「眾同僚不要誤會，我的意思是，禽獸往往只知其母而不知其父。殺父就如同禽獸一般，殺母呢？那就是就連禽獸也不如了。」

簡簡單單幾句話，竟將幾個準備趁機誣陷他的小人說得啞口無言，同時阮籍也避免了殺身之禍。

三、及時改口巧化解

美國總統雷根在訪問巴西的時候，不由地脫口說道：「女士們，先生們！今天，我為能訪問玻利維亞人民而感到非常高興。」

這時，隨行的人低聲提醒他說錯了，雷根忙改口道：「很抱歉，我們不久前訪問過玻利維亞。」儘管當時他並未去玻利維亞，可是，當時那些不明就裡的人還來不及反應，他的口誤已經淹沒在那滔滔的大論之中了。

這種將說錯的地點以時間去加以掩飾的方法，在一定程度上起到了避免當面丟醜的作用，不失為補救的有效手段。只是，這裡需要的是發現及時、改口巧妙的語言技巧，否則要想化解難堪也是困難的。

四、別解話題打圓場

《茶館》一劇中，常四爺不小心說了句「大清國要完了」的話，被探子宋思子聽到，企圖抓住把柄羅織罪名。

當被宋思子質問「剛才你說大清國要完了？」時，常四爺頓感失言，於是轉口說了一句：「我愛大清國，怕它完了！」

常四爺這一舉真可謂聰明至極，他只是在「完了」這個話語前加上「怕它」二字，語義就全然改變，從而為自己打了個漂亮的圓場。這就是別解自己話題的補救術，它使人避免了就事論事將話辯話的被動與尷尬。

五、悄然更改見行動

在一次女排世界盃的比賽臨近結束時，中國隊穩穩占著上風，可當時比賽並未結束，播音員宋世雄卻說：「不管日本隊怎麼吶喊、怎麼努力，都是無濟於事的！雙方實力的差距太大了……我們已經是世界冠軍了！」

雖是一時激動脫口而出，卻引來眾多輿論上的譴責。

宋世雄意識到言語的失誤後，就暗暗在實踐中克服。果然，以後他的解說便逐漸增添了一股「大將風度」，再也沒有出現過類似的失誤。

許多情況下的言語失誤人們無法當場更改，但只要能虛心地接受教訓，把如何犯錯的原因牢牢記住，便不難用以後的行動來補救。

但是現實中有很多人卻反其道而行之，非常固執地堅持錯誤的看法，即使話說錯了，不但做不到知錯就改，反而極盡所能找藉口為自己開脫，更有甚者是堅持「一條道走到黑」，要錯咱就錯到底。也許只有等他們經歷一次或多次教訓後，才能徹底領悟「言語失誤忌亂分寸」的真正好處！

謙虛受歡迎，但也不能太過謙虛

蘇格拉底曾說：「謙虛是藏於土中甜美的根，所有崇高的美德由此發芽生長。」謙虛是一種美德，是人類高尚的品質，與人交談最忌自吹自擂不知天高地厚，說話謙遜有禮才能顯示自己的教養和美德。

謙虛的人往往也更受到歡迎。但是，謙虛也要有一定的限度，總是點頭哈腰、謙虛過度，反而給人一種「真沒用」的感覺。

那麼，在社交說話的場合中，不同的時間，不同的氛圍，如何用不同的方式表達自己的謙虛，才能給人留下一個良好的印象呢？

一、巧打比喻法

直言謙虛固然可貴，但弄不好會給人一種虛假的感覺。特別是兩個人之間，如果僅僅說「你比我強多了」這類話，容易產生嘲諷揶揄之嫌。遇到這種情形，你不妨用一個比喻方式，巧妙地表達謙虛。

一天，郭沫若和茅盾兩位文學大師相聚。

他倆談得非常愉快，話題很快轉到魯迅先生身上，郭沫若詼諧地說：「魯迅先生願做一頭為人民服務的『牛』，我呢？願做這頭『牛』的尾巴，為人民服務的『尾巴』。」

聽說郭老願做「牛尾巴」，茅盾笑道：「那我就做『牛尾巴』的『毛』吧！它可以幫助『牛』把吸血的『大頭蒼蠅』和『蚊子』掃掉。」

郭老看看茅盾，說：「你也太謙虛了。」

這兩位文學巨匠圍繞著魯迅先生「牛」的比喻，充分展開聯想。一個自喻為「牛尾巴」，一個自喻為「牛尾巴」的「毛」，謙虛地說明了自己只是別人的一部分。這種方式既生動形象，又把兩位大師博大的胸懷表現得淋漓盡致。

二、巧改詞語法

在稱讚和誇獎你的語言上做文章，也是表現謙虛的一種好方法。

某大學中文系講座，請一位著名老教授談治學的方法。

在講座之前，主持人用讚譽之詞把教授介紹了一番後，說：「下面我們以熱烈的掌聲歡迎李教授談治學經驗。」

老教授走上講臺後，馬上更正說：「我不是談治學，而是談『自學』。」老教授說完，臺下一片掌聲。

「治學」本就是對教授的褒獎，因為沒有成就的人是沒有資格對大學生們「談治學經驗」的，而老教授只改一字，卻盡得風流，人們更見其治學嚴謹，為人謙虛的風格，真可謂妙不可言。

三、轉移對象法

當受到表揚或誇獎的時候，如果你感到在眾人面前窘迫的話，你不妨想辦法轉移人們的注意力，使自己巧妙地「脫身」，把表揚或誇獎的對象「嫁接」到別人的身上。

四、相對肯定法

面對別人的稱讚，如果把自己說得一無是處，不但起不到謙虛的自貶，反倒給人一種傲慢的感覺。

有一天，人們對丹麥物理學家玻爾說：「你創建了世界第一流的物理學派，有什麼秘訣嗎？」

玻爾幽默而含蓄地說：「也許因為我不怕在學生面前顯露自己的愚蠢。」

玻爾把自己的成績歸結為人人可以做到，又很難做到的優點，用來說明自己與別人並沒有什麼不同，也沒有什麼秘訣，既表現了自己的謙虛，又給人一種鼓舞力量。

只有掌握了諸如上列的謙虛之道，你才能在不張揚的同時，得到人們的嘉賞，也為自己的成功鋪路。

必須說謊時，也要「一臉真誠」

我們聽《狼來了》的故事，大人們總告誡：做人一定要誠實，否則就會像那個放羊的小孩一樣被狼吃掉。的確，誠實是做人的根本，這似乎毫無爭議。但是，在現實社會中，很多情況下我們都不自覺地會撒謊。特別是一些善意的謊言，能讓我們以及身邊的人生活得更美好。

一架飛機在飛行過程中遇到了沙塵暴，不得不迫降在沙漠裡。但是飛機已經嚴重損毀，無法再行起飛，通信設備也損壞，與外界通信聯絡中斷。乘客和駕駛員都陷於絕望之中。

這時，一個乘客站出來說：「大家不要驚慌，我是飛機設計師，只要大家齊心協力聽我指揮，就可以修好飛機。」

此言一出，好比一針強心劑，穩定了大家的情緒，他們聽從那名乘客的指揮，開始節省水和乾糧；一切變得井然有序起來，大家互幫互助，和風沙困難作著鬥爭。

十幾天後，飛機還是老樣子，沒有任何可以修好的跡象；但有一支駝隊經過這裡時，搭救了他們。

到達安全地帶後，人們才發現，那個自稱是「飛機設計師」的乘客，不過是一個對飛機一無所知的小學教師。有人知道真相後就罵他是騙子，憤怒地責問他：「大家命都快保不住了，你居然還忍心欺騙我們？」

小學教師從容地笑笑說道：「假如我當時不撒謊，大家能活到現在麼？」

一瞬間，大家就對這位教師另眼相看了：不僅不再以騙子的名頭來稱呼他，反而把他列為拯救大家的英雄。

有這樣一句話：善意的謊言是美麗的。當我們為了他人的幸福和希望適度地說一些小謊的時候，謊言即變為理解、尊重和寬容，具有神奇的力量。父母的一句謊言，讓涉世未深的孩童臉若鮮花，陽光開朗；老師的一句謊言，讓彷徨學子不再彷徨，更好成長；醫生的一句謊言，讓恐懼的病人從絕望的邊緣走向新生……

在生活中，我們也常常會不時地撒些小謊，用來調節氣氛或者是融洽關係。比如：妻子的手藝本來不佳，但是丈夫看起來卻吃得津津有味，而且邊吃邊讚：「味道好極了！」想必，妻子的心裡必定如蜜般甜美，從此做飯會更加用心，家庭也必定會充滿溫馨與和諧。可見，說謊已經逐漸成了一門成長的必修課。能夠不損人又利己，說說謊又何妨呢？

但要注意的是，即使是要說謊，也要讓謊言看起來很「真誠」，否則，你說的謊便會毫無價值，甚至產生反作用。

另外，還應注意，別讓你的身體語言顯示出與謊言不相符的資訊，導致你的「真誠」露了餡。如用手遮住嘴巴、觸摸鼻子、摩擦眼睛、抓撓耳朵等都是人們在撒謊時，常常不自覺流露出的「經典」動作。這些小小的肢體語言其實是我們潛意識對內心的一種真實的反映，只要你不小心，就會被自己的肢體語言所背叛了。所以，在交際場合一定要十分謹慎自己的肢體語言，別在不知不覺中讓它們洩露了你的秘密。

讓你的表情為語言助興

表情中最具感染力的莫過於微笑了。發自內心的微笑，可以在瞬間縮短人與人之間的心理距離，被視作「參與社交的通行證」。拿破崙・希爾這樣總結微笑的力量：「真誠的微笑，其效用如同神奇的按鈕，能立即接通他人友善的感情，因為它在告訴對方：我喜歡你，我願意做你的朋友。同時也在說：我認為你也會喜歡我的。」

微笑的力量非凡。它有助於緩解負面情緒，並有利於人們之間的交往。微笑能引發健康的情緒，減輕生活的緊張感與環境的束縛感，使你的生活變得快樂。但要笑得恰到好處，也是不容易的，所以微笑是一門學問，又是一門藝術。

微笑的要求是：發自內心、自然大方，顯示出親切，要由眼神、眉毛、嘴巴、表情等方面協調動作來完成。要防止生硬、虛偽、笑不由衷。可以自己對著鏡子練習，一方面觀察自己的笑的表現形式，更要注意進行心理調整，想像對方是自己的兄弟姐妹，是自己多年不見的朋友。還可以在多人中間，講一段話，講話時自己注意顯現出笑容，並請同伴給以評議，幫助矯正。

另外，眼睛也是表情中的一大亮點。眼睛一直都被人們稱為心靈的窗戶，泰戈爾說：「一旦學會了眼睛的語言，表情的變化將是無窮無盡的。」這說明，眼睛語言的表現力是極強的，是其他舉止無法比擬的。

在人與人之間進行交流時，目光的交流總是處於最重要的地位。資訊的交流要以目光的交流為起點。應該學會在不同場合與不同情況下運用不同的目光。

見面時，不論是見到熟悉的人，或是初次見面的人，首先要睜大眼睛，以閃爍光芒的目光正視對方片刻，面帶微笑，顯示出你的熱情和喜悅。如果和對方是初次見面，還應微微點頭，行注目禮，表示出尊敬和禮貌。

開始交談後，應當不斷地通過各種目光與對方交流，調整交談的氣氛。交談中，應讓目光始終停留在對方身上，表示對話題很感興趣。但應當注意，交流中的注視，決不是緊緊盯住對方的眼睛，這種逼視的目光是失禮的，也會使對方感到尷尬。應當自始至終地都在注視，但注視並非緊盯。用目光籠罩對方的面部，同時應當輔以真摯、熱誠的面部表情。用目光流露出會意的萬千情意，使整個交談融洽、和諧、生動、有趣。

交談和會見結束時，目光要抬起，表示談話的結束。道別時，仍用目光注視著對方的眼睛，面部表現出惜別的深情。

總之，表情語言是千變萬化的，但都是內心情感的流露。學會掌握和運用表情語言，能讓你在人際交往中，左右逢源，遊刃有餘。

第二天 言之有力
——要打動別人，先給自己打足氣

語言溝通的最高境界是什麼？不是口若懸河，也非出口成章，而是成功地說服他人打動對方。說服好比「打仗」，對方是你要征服的「敵手」，所以這就涉及說服過程中的戰略戰術，只要細心研究揣摩，就不難掌握高明的說服技巧。

找到打開話匣子的鑰匙

很多人在人際交往中碰到陌生人的時候，起初會感到不自然，彼此之間好似隔著一道鐵門，或者出於羞澀或不自信，不知道該如何打開話匣子，如何說出話來才能讓對方喜歡，因此而錯失了許多結交朋友、展示自己的機會。

交談最忌諱無話可說的冷場，如果當你遇見一個朋友或熟人的時候不善於交談，那實在是一個相當尷尬的局面。所以，學會打開雙方交談的話匣子，能為交際獲得好效果打下良好的基礎。

很多人在面對陌生人的時候，常常手足無措，不知道該如何開口。其實，打開話匣子不難，因為可以交談的話題就在你身邊。如果你到一個朋友家裡，在客廳裡看到他孩子的照片，你就可以和他談談他的孩子；如果他的窗臺上擺著盆景，你就可以跟他談盆景；凡是這一類眼前的事物，最容易引起人們的注意，只要其中有一樣碰巧對方很有興趣，那麼，你與對方的交流就可以更深一步了。

另外，與素昧平生者每次交談時，還可以巧妙地借用彼時、彼地、別人的某些材料為題，借此引發交談。有人善於借助對方的姓名、籍貫、年齡、服飾、居室等，即興引出話題，常常會收到好的效果。

當別人作完自我介紹時，你可以在他的名字上表現出你的興趣。比如，你可以重複他的名字，並誇這個名字很好聽，或者很少有人會有這樣的名字，很有品味等；或者，你可以再具體問對方他名字的寫法，以示你對他的重視。這樣一來，你會迅速贏得別人的好感。

再者，你還可以在交談時先提一些一般性的問題，以便投石問路，在大略瞭解後再有目的地交談，便能說得更加自如。

當然，交談也許會由於各種原因而突然中斷，這個時候的冷場更讓人覺得尷尬。當我們的交談中斷的時候，我們怎樣尋找新的話題呢？

在這種時候，不要心急，也不要勉強去找，否則會引起不必要的緊張，反而什麼也想不出來。冷靜下來，讓腦子自由思考半分鐘。你就很可能會從看到桌上擺著的一盞電燈，聯想到「發明」，從「發明」聯想到「創新」和「電影」，然後是「演員」，從而引發出新的話題。

別把與人交談想得那麼難，也別因為害怕說錯話而不敢開口。自信一點，你就能找到打開話匣子的鑰匙。你會發現，即使是與陌生人說話，也能流暢自然，像吃飯一樣隨意而簡單。

不卑不亢的語言給人好印象

與名流們交談，口才制勝的關鍵點在於要不卑不亢、不拘禮、不扭捏、坦誠、自然。只要能真實地表現你內心的想法，掌握了這些準則，就能自信地開口，與任何人交流。

有些人對名人只是一味地說些奉承及空洞的話，這樣是不能使對方愉快的。如果你是真誠的，那你就把深烙在內心的印象說給他聽，他會深深感到愉快，但所用的措辭和說話的態度都要得體。

社會名流也實實在在像所有的人一樣的，敵不過疲倦，也承受不住傷害。他們可能比你更脆弱，而且與你一樣害羞。不要認為他的人格真的就如他藉以出名的職業一樣。他向公眾所投射的信心、睿智、仁慈、滑稽或性感等形象，實際上往往是杜撰的。抱以不卑不亢的平常心與名流交談，其實這本身就是對其的一種尊重，也一定能給對方留下好印象。

胸有成竹就能不辯而勝

古希臘有一句民諺說：「聰明的人，借助經驗說話；而更聰明的人，根據經驗不說話。」會說話的人，不會一味地展示自己的好口才，他們信奉「雄辯是銀，傾聽是金」的道理，每當與其他人發生爭辯的時候，便謹守「言多必失」和「訥於言而敏於行」而選擇沉默。這樣的做法反而比犀利的言語有力量得多。

一個冷靜傾聽的人，不但到處受人歡迎，且會逐漸知道許多事情；而一個爭論不休的人，則像一隻漏水的船，每個乘客都會紛紛逃離。

在發生爭辯的時候，沉默會產生更完美的和諧，更強烈的效果。心理學家常常認為我們應該把自己的事情講出來，告訴別人，但現在人們逐漸發現在與別人的交往中有時更需要忍耐和沉默。在商業或私人交際中，無言也許是最好的選擇之一。

大家都理所當然地認為好口才就一定要滔滔不絕。其實，沉默可以引起對方注意，使對方產生迫切想瞭解你的念頭，偶爾採取沉默戰術同樣可以達到理想的效果。很多時候沉默與精心設計而說出的話語具有同樣的表現力，就好像音樂中的休止符與音符一樣重要。

肚裡有「貨」才能對答如流

一個人如果能與不同類型的陌生人，比如律師、教師、藝術家等愉快地交流十分鐘以上，他就是一流的交際人才。因為能和各個不同領域的專業人士交談十分鐘並使他感到有興趣，真不是一件容易的事，這完全是考驗真才實學的時候。俗話說「工欲善其事，必先利其器」。也就是說，要想做到口吐蓮花、對答如流，首先必須充實自己，做到「利其器」。

因此，充實自己就顯得相當重要，畢竟沒有人相信一個胸無點墨的人能夠應對如流。你雖然不可能對各種專門學問都有精湛的研究，也不能對每一個人都談論同樣一件事情，但是，一些常識卻是必須具備的。如果能巧妙地運用一般常識，那麼要與他人進行十分鐘有趣的交流，想必並不困難。而充實自己的聊天素材就是這樣的一個「利器」，有了這個寶貝，一切皆可迎刃而解。

那麼具體來說，究竟怎樣充實自己，讓自己變得舌燦蓮花呢？

首先是**努力學習和掌握相關的知識，做到頭腦裡面有「東西」**。出色的口頭表達能力，其實是由多種內在素質綜合決定的，它需要冷靜的頭腦、敏捷的思維、超人的智慧、淵博的知識及一定的文化修養。為此，可努力學習有關理論及知識、經驗。

其次，**具備一定的記憶能力。記憶力也是演講者、談話者、論辯者的一項重要的素質**。我們的演講詞、論辯詞包括談話的一些內容都是需要記憶的，通過記憶把演講、論辯的內容儲存在大腦中，登臺演講或進行交談、論辯時，才能張口即來，滔滔不絕。如果記憶力不強，到了臺上，一緊張就會丟三落四，甚至張口結舌。

我們在積累知識時也需要有較強的記憶力。否則，打開書什麼都知道，合上書又什麼都忘了，是不行的。

培養記憶力是要下點苦工夫的。記憶的方法很多，我們可以自己從學習中尋找、總結一些記憶規律，供自己使用。也可以學習、借鑒他人的成功方法，如形象記憶法、數字記憶法、聯想記憶法等。總之，只有過目成誦，才能出口成章。

最後，要懂得見什麼人說什麼話。如果一個朋友是踢足球的，你非要和人家聊籃球，勢必會引起別人的反感。一個會說話的人，應該具備應變的素質。比如遇到律師時，即使你不懂法律，你也不妨和他談談最近發生的某件案子，你可以說這全是報紙上看來的，然後就讓他來發表意見就可以了。

所以，我們在埋頭苦練好口才之前，務必先扎實地充實自己，廣泛地收集材料，讓自己在任何場合、與任何人交談時，都能憑藉肚裡有「貨」而達到言如泉湧的境界，用特有的語言魅力去征服對方。

準備好了再開口，方能事半功倍

晚清名臣盛宣懷，就是一位在如何說話方面很有研究的大臣。

盛宣懷剛上任去拜見陌生的上級時，他就非常注意瞭解對方的有關情況，一直堅持要在準備好了之後，再和這個上級對話。

這一天，機會終於來了。他的上級醇親王在李蓮英的保薦下，終於決定接見盛宣懷這個下級，並且還特地在宣武門內太平湖的府邸專門設宴接見他，打算順便向他詢問有關電報的事宜。

盛宣懷一直想多瞭解醇親王，但苦於以前從來沒有見過他，好在與醇親王的門客「張師爺」交往甚密，於是盛宣懷想方設法從他那裡瞭解到了一些關於醇親王的情況，並歸納為兩個方面：第一個就是醇親王跟恭親王等其他親王不同，當時正是西洋學在中國開始盛行的時候，恭親王等其他親王認為中國必須要跟西洋學習才能壯大自己的實力，可是醇親王則不同，他不認為中國人就比洋人差，因此在對待外國文化的態度上，醇親王就是一個十足的保守派；第二個就是醇親王雖然好武，但自認為書讀得不少，也頗具文采，經常在很多場合炫耀他的文采。盛宣懷在瞭解到了這些情況之後，就迅速到身為帝師的工部尚書翁同龢那裡抄了一些醇親王的詩稿，背熟了其中比較不錯的章句，以備「不時之需」。

盛宣懷知道這樣還是不夠的。俗話說「文如其人」，為了能讓醇親王第一次見到自己，就讓自己在他心目中留下好印象，盛宣懷還從醇親王的詩中悟出了些醇親王的心思。這在和醇親王的對話中將會有著很大的用處，以防自己說了對方不愛聽的話，那前面的所有努力也就白費了。在一切準備妥當之後，盛宣懷終於胸有成竹地前去拜見這位素未謀面的上級了。

一切都如盛宣懷的預料般發展順利。對醇親王的問話，盛宣懷基本上是有問必答，並且句句都說到了他的心坎上，當他們談到電報這一名詞的時候，醇親王假裝不懂，問盛宣懷：「那電報到底是怎麼回事？」

早有準備的盛宣懷從容不迫地回答道：「回王爺的話。電報本身並沒有什麼了不起，全靠活用，所謂『運用之妙，存乎一心』，如此而已。」

聽他竟然引用了岳武穆的話，醇親王馬上就來了興趣，便問到：「你也讀過兵書？」

盛宣懷謙虛地答道：「在王爺面前，怎麼敢說讀過兵書？英法內犯，文宗顯皇帝西狩，憂國憂民，竟至於駕崩。那時如果不是王爺神武，力擒三凶，大局也就真的不堪設想了。」

盛宣懷沉思片刻，又接著說：「那時有血氣的人，誰不想洗雪國恥，宣懷也就是在那時候，自不量力，看過一兩部兵書。」

盛宣懷在自謙的時候也不忘誇獎上級一番，這種時機真的是可遇而不可求。醇親王立刻對他這個下級另眼相看了起來。

古今中外的很多名人之所以能取得成功，就是因為他們深深地懂得準備好了再開口，才能事半功倍的重要性。一個人在說話之前要是沒有準備，就像面臨一場考試而沒有準備一樣，將會變得很被動，結果也將是對自己很不利。

可見，說話並不是一件簡單的事情，尤其是面對自己的上司，或者有求於人的時候。有人甚至誇張地把與人的接觸交流過程，形容為社交場上的「戰場」。我們要想成功地取得戰鬥的勝利，就必須要懂得準備好了再張口，這才能做到知己知彼，才能百戰不殆。

辯論中步步緊逼，使對手節節敗退

我們常常為那些能夠在辯論場上能言善辯、舌戰群儒的人叫好喝彩，甚至對其佩服得五體投地。但同時覺得他們運氣好，能碰上有利的論辯點。其實，辯論取勝靠的不是運氣，而是方法。

在論辯的過程中採取的手段是多種多樣的，而步步緊逼的壓倒式的策略更具魔力。雙方說話的次數很多，但每次的話語並不多。實際上，有時候借助於長篇大論，採用一種緊逼式的方法，一環扣一環地向對方發動攻擊，給對方以毀滅性的打擊，對手只有招架之力沒有還手之功。

採取步步緊逼的方式，可以從多個角度、多個方面的異同點來全面闡述你的觀點，這種方式很像足球比賽中的「壓迫式」打法，或者戰爭中的海陸空聯合作戰。由於這種方法要求論辯者語鋒犀利，銜接緊密，所以幾乎可以令對方無隙可乘。即使你的敘述中有一些語言不夠完善，或者是稍有漏洞，對方也會被你整體上的氣勢所震懾而忽略這些。

大家熟悉的諸葛孔明就是一位論辯高手，一提到這一點，很容易想到的是他隻身過江東舌戰群儒的故事。但《三國演義》中還有一段可以與舌戰群儒相媲美的經典論辯，那就是諸葛孔明只憑三寸不爛舌，罵死王朗，巧退敵兵的故事。當時雙方陳兵渭水河畔，雙方在戰場上展開了異常激烈的論辯：

朗曰：「久聞公之大名，今幸一會。公既知天命、識時務，何故興無名之兵？」

孔明曰：「吾奉詔討賊，何謂無名？」

朗曰：「天數有變，神器更易，而歸有德之人，此自然之理也。曩自桓、靈以來，黃巾倡亂，天下爭橫。降至初平、建安之歲，董卓造逆，傕、汜繼虐；袁術僭號於壽春，袁紹稱雄於鄴土；劉表佔據荊州，呂布虎吞徐郡。盜賊蜂起，奸雄鷹揚，社稷有累卵之危，生靈有倒懸之急。我太祖武皇帝掃清六合，席捲八荒，萬姓傾心，四方仰德，非以權勢取之，實天命所歸也。世祖文帝，神文聖武，以膺大統，應天合人，法堯禪舜，處中國以臨萬邦，豈非天心人意乎？今公蘊大才、抱大器，自欲比於管、樂，何乃強欲逆天理、背人情而行事耶？豈不聞古人曰：『順天者昌，逆天者亡。』今我大魏帶甲百萬，良將千員，諒腐草之螢光，怎及天心之皓月？公可倒戈卸甲，以禮來降，不失封侯之位。國安民樂，豈不美哉！」

孔明在車上大笑曰：「吾以為漢朝大老元臣，必有高論，豈期出此鄙言！吾有一言，諸軍靜聽：昔日桓、靈之世，漢統陵替，宦官釀禍；國亂歲凶，四方擾攘。黃巾之後，董卓、傕、汜等接踵而起，遷劫漢帝，殘暴生靈。因廟堂之上，朽木為官；殿陛之間，禽獸食祿；狼心狗行之輩，滾滾當道；奴顏婢膝之徒，紛紛秉政。以致社稷丘墟，蒼生塗炭。吾素知汝所行：世居東海之濱，初舉孝廉入仕，理合匡君輔國，安漢興劉，何期反助逆賊，同謀篡位！罪惡深重，天地不容，天下之人，願食汝肉。今幸天意不絕炎漢，昭烈皇帝繼統西川。吾今奉嗣君之旨，興師討賊。汝既為諂諛之臣，只可潛身縮首，苟圖衣食，安敢在行伍之前，妄稱天數耶？皓首匹夫！蒼髯老賊！汝即日將歸於九泉之下，何面目見二十四帝乎？老賊速退！可教反臣與吾共決勝負。」

這一番話氣勢磅礡，雄渾跌宕，義正詞嚴，令王朗無可辯駁，終於氣得大叫一聲，一頭栽下馬來，一命嗚呼。手下軍隊群龍無首，作鳥獸散。諸葛亮未傷一兵一卒，就將敵人打退。

從諸葛亮的這段話來看，大體可以分為三個層次：

首先就王朗所說的曹操乘桓靈之時、黃巾之亂而起兵，東征西討，平定北方的事實予以反駁，僅用「廟堂之上，朽木為官；殿陛之間，禽獸食祿」這兩句話就回擊了王朗「神文聖武，以膺大統」之類的頌揚之詞，將王朗所效命的政權的根基先行動搖。

接著批駁了王朗的個人問題，既然是「廟堂之上，朽木為官」，那你王朗也不是什麼好東西。這第二層名為打擊王朗，還有一層的潛臺詞是：你說我不識時務，但比起你這表裡不一的小人還是好多了。最後一層才直接打擊王朗所說的勸降之語。

有了前兩層意思的鋪墊，這最後的話語順理成章，三個環節層層相扣，步步緊逼，如同長江大河，一瀉千里，邏輯清晰，詞力雄健。而且面面俱到，不給王朗以任何可乘之機。平心而論，王朗勸降之詞不失為優秀的說辭，可惜遇到了諸葛孔明這樣的高手，也只能自取其辱，枉送了性命。

所以，我們在辯論中也不妨多採用一些這樣層層遞進，相互鋪墊的方法，說第一句話時，就暗暗為後邊的語言埋下伏筆。這往往要比並列式的論辯要顯得有利得多。

但需要注意的是，千萬不能在所有的論辯場合都慷慨激昂、滔滔不絕，而是要根據實際情況，靈活運用，而且還要做到有的放矢，論述圍繞核心，做到全而不散，這樣才能立於不敗之地。

演講怯場絕不是你的專利

你是不是也有這樣的經歷和感受：面對自己熟悉的人，你可以表現得從容自若；但是一遇到要與陌生人，特別是許多陌生人都把焦點聚集在你身上的時候，你就會特別緊張，聲音發抖，甚至變得語無倫次起來，於是，在有了一兩次失敗的經歷之後，你就再也不願意上臺發言了。

其實，你沒必要為此苦惱或者感到自卑，因為並不是只有你一個人為了在公眾面前說話而感到緊張。與你一樣存在擔心的大有人在。它困擾的不僅僅是「菜鳥」級的人物，更包括了許多舞臺經驗豐富的老手。在舞臺上活躍了五十餘年的海倫・赫斯，在每次上臺前，依然會擔心自己在臨上場的那一剎忘掉開場白的臺詞，緊張是一種正常的情緒，人人都會緊張。好的心態和準備可以大幅度降低你的緊張。與人交談時的緊張大多來源於擔心自己表現不好，以及怕對方不愛聽，只需小小的幾個技巧就可以降低你的緊張。

戴爾・卡內基說：「不會做準備的人永遠不會有未來。」對於每個人來說，只有時刻準備才能有所作為，演講也一樣需要做好相應的準備，成功只會青睞那些善於準備的人。你只需要通過完全而充分的準備就會將其打敗。如果你已經徹底地將講演主題研究透徹，那麼你完全不必對此感到害怕。

一、你需要仔細地組織講演，做好充足的準備

你的準備越充分，你的演講就越具有說服力。一遍一遍地起草和重新加工講話稿以確保講演既有趣，又能夠有意義。然後對稿子進行編輯。所有的優秀作家都會告訴你，除了反覆修改，好作品就沒有什麼訣竅了。

二、對新材料的擔憂

資格老的演講者往往會害怕嘗試新鮮的東西。比如說改掉總是十分奏效的開場白，或者添加還未經過測試的新材料等。因此，可別讓恐懼阻礙了你嘗試那些能有助於改善你的演講的新鮮事物。

三、熟能生巧

偉大的鋼琴演奏家亞瑟•魯賓斯坦曾經說過：「如果我一天不練，只有我自己知道；如果我兩天不練，我的批評家們知道；可是如果我錯過了三天的練

習，那麼觀眾就全都知道了。」演講沒有訣竅，只有苦練，練習練習再練習，直至你已經有了百分之百的信心。演講的時候，臺上的每一分鐘你在臺下可能需要一百分鐘來練習，才會使這一分鐘接近完美。

即使是在訓練的過程中，最好也要保持演講或演示的新鮮感。例如勞倫斯・奧利弗爵士，在出演了兩千場《奧賽羅》之後，居然忘掉了臺詞，他認為這是來自上帝的提醒：提醒他應時刻保持警惕。

當然，最好的訓練方式還是當眾說話，因為你說的話次數越多，你就能表現得越來越好。但是別讓不現實的過高期望誤導了你。口才只是一門只能通過時間和經驗的提升來獲得提升的藝術。雖然你會感到緊張，但只要堅持練習，毫無疑問你會越來越出色。

另外，在演講的時候，如果你認為臺下的聽眾對你充滿敵意，你的情緒可能會因此而受到影響，從而影響到你的水準發揮，聽眾會因為你的演講水準低下而疏遠你。事實上，如果希望可以在演講時給別人留下得體的印象，可以嘗試一下情景預設，這一招對許多公眾演說家和表演者都很實用。

閉上眼睛回憶一下上場演講中的積極面和聽眾們善意的回應，並且想像你的聽眾們都是和善可親的，都是心胸開闊的，都是很樂意接受你的。將這個場景當成現實保留在腦海裡。當你在某些場合無法開口的時候，設想一下情景預設，設想一下聽眾的積極回應吧。

偉大的奧林匹克跳水運動員葛列格總是會在腦海裡一遍又一遍地設想完美的跳水，即使他沒有成功地站在跳板上的「黃金起跳點」（**指跳板前端可以實現最佳彈跳的位置**）上也一樣可以扭轉局勢，使自己的跳水轉變成一場完美的演出，最終贏得金牌。

同樣，即使你很緊張，即使你面前的聽眾們不是很友好，你仍然能夠為聽眾帶來一場出色的講演，這其中的關鍵在於設想你已經觸及了那個「黃金起跳點」。當你站在講演臺上時，你總是假設一切都在自己的掌握之中——我是一位舉止優雅而又熱情洋溢的演講者啊！情景預設的關鍵在於控制你頭腦裡對於自己的印象，不能讓其他人的態度決定自己的想法。

設想你正在出演渴望的角色，好戲正在上演。你無須擔憂自己看上去會顯得裝模作樣，要知道我們每個人在性格上都是多面體。如果你多表現出你自信的一面，你也會越來越自信。經過練習之後，自信會在你身上自然顯現。

有立場，但要學會如何說「不」

中國人生性敦厚、古道熱腸，一般不願意也不習慣拒絕別人。但是一味地遷就別人，有時難免會損害到自己的利益。

相信很多人都遭遇過這樣的矛盾，當別人向你提出了請求時，你有意拒絕，卻又害怕失去因此良好的人際關係。為此常常感到左右為難，勉強接受之後，就給自己帶來了無謂的麻煩。

當然，假如是一般性的小事情，我們應該出手相助，這樣有助於建立良好的人際關係，也是我們應該遵從的美德。但如果對方提出的要求超出了我們的能力範圍，或者過於無禮，甚至是將自己的快樂建立在我們的痛苦之上的話，那麼，我們就要堅持立場，勇敢地說出「不」了。

但需要注意的是，「不」字不能太過簡單直白地說出來。不管怎麼說，滿懷希望地去求別人，卻遭受無情的拒絕，的確會令人十分難堪；又或者自信十足地去說服別人，卻遭到嚴厲拒絕，這簡直是令人無法承受的傷害。

那麼，怎樣做才能保持自己的立場而又不傷和氣呢？

首先，**我們應當先認真傾聽完對方的情況，然後再說「不」**。當對方向你提出要求時，他們心中通常也會有不同程度的不好意思，擔心你拒絕，擔心給你帶來麻煩。因此，在你決定拒絕之前，要注意傾聽，請對方把處境與需要，講得更清楚一些，自己才知道如何幫他。然後，應該對他的難處表示瞭解。

而且「傾聽」能讓對方先有被尊重、被接納的感覺，在你婉轉地表明自己拒絕的立場時，也比較容易避免傷害他，因為他能在你的傾聽中感受到你的真誠。即使你真的幫不了他，但是「傾聽」完他的情況之下，作為非當事人，可能會對他的困境看得更清楚，你可以針對他的情況，給他提出比較好的建議。這樣，即使你不親自去幫助對方，對方一樣會感激你。

其次，**在說「不」的時候要委婉。**

當你傾聽完之後，認為自己應該拒絕的時候，說「不」的態度必須是溫和而堅定的。即使是炮彈，也應當裹上糖衣。同樣地，委婉表達拒絕，比直接說「不」讓人容易接受。要委婉謝絕，不要嚴詞拒絕，因為溫和的回應總是比情緒化的過度反應要好。情緒是具有渲染性的，嚴詞拒絕會引發他人強烈的負面感受，所以，當你必須要拒絕他人時，就不要再以不友善的言行，在情緒上火上加油。

再次，**在表示拒絕的時候，要從對方利益出發來說明自己愛莫能助的理由。**

在拒絕對方之時，從對方的利益考慮，以對方的切身利益為藉口，往往更容易說服對方。對對方說出你之所以拒絕，是為了對方的利益著想。

比如老闆要求你在一個不合理的期限內完成工作，與其說明說你如何不可能辦到，不如讓對方相信這種倉促行事的做法對他而言並沒有好處。這樣的話，老闆不僅不會懷疑你的意圖，還會對你產生感激。

最後，**在拒絕之後，對他的情況表示關心，最好能夠提出一些建議。**有時候拒絕是一個漫長的過程，對方會不定時提出同樣的要求。若能化被動為主動地關懷對方，並讓對方瞭解自己的苦衷與立場，可以減少拒絕的尷尬與影響。當雙方的情況都改善了，就有可能滿足對方的要求。

當然，在你拒絕對方的時候，除了技巧，更需要發自內心的耐性與關懷，表達友好和善意是我們拒絕時最重要的原則。否則，對方一旦察覺到你在敷衍他，那麼，你在他心中的地位就會下降，這樣，你的人際關係也就會隨之受到傷害。

是人不是神仙，誰也不能呼風喚雨、有求必應。如果不好意思拒絕而輕易承諾了自己不能、不願或不必履行的職責，事辦不成，以後你會更加難堪。若拒絕能採用合適的方法或相應的技巧，就不用擔心會給對方造成傷害，甚至引發怨恨和不滿了。

第三天　言之有情

——會說話的人，能把話說到對方心窩裡

人們為了達到各自的願望和目的，相互接觸，相互瞭解和表達，彼此都需要有一個友好祥和的氣氛和良好的人際關係。只要你放低姿態、巧妙的迎合，那麼對我們的人際關係無疑是一種巨大的推動力。

見面寒暄：物往貴處說，人往年輕講

物往貴處說，人往年輕講。是針對人們的普遍心理而採用的投其所好和討人喜歡的說話技巧。老百姓常說的「遇物加錢，逢人減歲」就是「物往貴處

說，人往年輕講」的真實體現。在日常生活中，有一些讚美他人的技巧是非常簡單，但又是非常實用的，這就是「物往貴處說，人往年輕講」。如果能夠見面寒暄時使用它，一定會為你的人際關係的融洽度增色不少。

說到這，那先看看「物往貴處說」這句話到底好在何處呢？

買東西是我們每個人生活中再平常不過的一種生活行為。人們日常購物的普遍心理是，自己能夠用「廉價」購得「美物」，通常那些善於購物的人都具有用低價買好貨的本領。

但是，即使不是購物的「精明人」，也會希望自己能做精明人才能做的精明事，即使自己不是善於購物者，但還是希望自己的購物能力能夠獲得別人認可的。就像你花了四十元買了一樣東西後，被別人認為需要八十元時，心裡就往往會有一種興奮感，覺得自己很會買東西。與此相反，你若是買了一件商品，自己花了八十元，別人卻認為只需四十元就可以買下時，你一定會有一種失落感，覺得自己太不會買東西。

正是這種心態的存在，「物往貴處說」這種說話技巧便有了用武之地。

而與「物往貴處說」這種說話技巧一樣，「人往年輕講」也具有收買人心的奇特效果。

現實生活中，我們每個人都希望自己永保青春，但是歲月不饒人，隨著年齡增長，人也會漸漸地老去。所以，大部分人對自己的年齡就非常敏感，這其中，女人對年齡的敏感程度是最高的。試想一下，你明明是二十左右的年輕女孩，卻被中學生叫做阿姨，你的心裡會是什麼滋味呢？或者你明明是一位剛剛三十出頭的小夥子，卻被別人叫做是大叔了，你的心裡面能高興嗎？

出於成年人普遍存在的這種怕老心理，「人往年輕講」這種說話技巧便有了討人喜歡的「市場」了。這種技巧的特徵在於把對方的年齡儘量往小處說，從而使對方覺得自己顯得年輕，保養有方等，進而產生一種心理上的滿足。

總之，我們這裡所說的「物往貴處說，人往年輕講」，說白了就是投其所好。當然，我們的出發點是光明正大的，我們的這種「投其所好」，無論是對自己、對對方還是對社會，都是非常有用的，它不僅能給對方、給社會帶來歡樂，而且也為自己帶來一個廣泛的交際圈。對於這樣「美麗的錯誤」與「無害的陰謀」，大家又何樂而不為呢？

找到和對方有「共鳴」的話題

相信聽過收音機的朋友一定都知道，收音機都是有頻段的，只有調到相應的頻段才會收聽到你想要聽的資訊，與人交談也是一樣，每一個人也有相應的頻段，只有進入了他們認可或者說喜好的那個頻段，進入他的收聽範圍，他才會對你以及你的說話內容感興趣，我們和他們溝通、交流的時候才會非常流暢或順暢。

那麼，我們怎樣才能夠把握住對方頻段呢？要想進入談話對象的軌道或者頻段，關鍵是要和對方保持「同步」。也就是說要和對方達到一種「共鳴」。從你口中說出的話，對方樂意聽，願意聽，這就是一種「共鳴」。否則，你的言語就會成為沒有任何效力的廢物，或者引發厭惡的根源。

人們最感興趣的就是談論自己的事情，而對於那些與自己毫無相關的事情，大多數人覺得索然無味，所以，與人交談時，要竭力忘記自己，不要總是談你個人的事情。每個人都非常重視自己，也會希望別人重視自己，如果你與誰談他比較關心，或者雙方都感興趣的話題，你一定會給對方以最佳的印象。

要想和對方有「共鳴」，關鍵是找話題。有了好話題，就能使談話自如。好話題的標準是：至少有一方熟悉，能談；大家感興趣，愛談；有展開探討的餘地，好談。

那麼，從哪些方面入手才能找到「共鳴」的話題呢？

（1）要選擇眾人關心的事件為話題，最好是大家都瞭解或者親身經歷的事件。這類話題是大家想談、愛談、又能談的，人人有話，自然就能說個不停了，以至引起許多人的議論和發言。

（2）巧妙地借用對方的某些材料為題，借此引發交談。比如借助對方的姓名、籍貫、年齡、服飾、居室等，通常都能取得較好的效果。關鍵是靈活自然，就地取材，其關鍵是要思維敏捷，能達到由此及彼的聯想。

（3）假如是首次見面的陌生人，可以先提一些「投石」式的問題，在略有瞭解後再有目的地交談，便能談得更為自如。如在乘火車時詢問鄰座：「老兄是哪裡人呀？」順著這個話題往下走，這就有了和對方產生「共鳴」的機會。

（4）通過陌生人的興趣，往往能順利地進入話題。如對方喜愛打撲克，便可以此為話題，談打撲克的情趣。如果你對撲克略通一二，那肯定談得投機；如你對撲克不太瞭解，那也正是個學習的機會，可靜心傾聽，適時提問，不僅能讓你增長知識，還能讓對方感到得意。

交談要有味道，要談得投機，談得其樂融融，就要找到一個彼此都感興趣的話題，只有雙方有了「共鳴」，才能夠溝通得深入、愉快。而且，要找到這樣的話題並不難，只要雙方留意，就會發現彼此對某一問題有相同的觀點，在某一方面有共同的愛好和興趣，或者有某一類大家都關心的事情了。

迎合期望，談對方最得意的事

每一個人都有自認為得意的事情，這事情的本身，究竟有多大價值，是另一問題，而在他本人看來，卻認為是一件值得終身紀念的事。你如果能預先打聽清楚，在有意無意之間，很自然地講到他得意的事情，他一定高興聽你說話，並對你大有好感。

一次，愛德華·查利弗為了贊助一名童子軍參加在歐洲舉辦的世界童子軍大會，急需籌措一筆經費，於是就前往當時美國一家數一數二的大公司，拜會其董事長，希望他能解囊相助。

愛德華在拜會他之前，就聽說他曾開過一張面額一百萬美金的支票，後來那張支票作廢了，他還特地將之裝裱起來，掛在牆上以作紀念。所以愛德華踏進他的辦公室後，立即便針對此事，要求參觀一下他的這張裝裱起來的支票。並告訴他，自己從未見過其他人開具過如此巨額的支票，很想見識見識，好回去說給小童子軍聽。

這位董事長毫不考慮地答應了，並將當時開那張支票的情形，詳細地解說給查利弗聽。查利弗一開始並沒有提起童子軍的事，更沒提籌措資金的事。結果，那位董事長說過支票的事，就主動問愛德華，他今天是為了什麼事？於是他才一五一十地說明來意。

出乎他的意料，董事長答應了愛德華的要求，而且答應贊助五個童子軍去參加該童子軍大會，並要親自帶隊參加，負責他們的全部開銷，另外還親筆寫了一封推薦函，要求他在歐洲分公司的主管，提供他們所需的一切服務。愛德華滿載而歸。

說對方最得意的事情，他一定會很樂意的。古人雖有「話不投機半句多」的話，可你只要抓住了對方的心理，不僅不會「半句多」，而且還會千句也嫌少，直至越談越投機，越談越相好。

要想建立良好的人際關係就必須學會這一招。不過對方得意的事情要從哪裡去探聽呢？那當然需要我們動動腦子了，試想就你的朋友之中，有沒有與對方有交往的人，如果有的，向他探聽當然是最容易的。如果沒有的話，你可以多留心報紙上的新聞、其他刊物或自己平日積累的關於對方的得意事情，到時便可以拿來應用。

此外，隨時留心交際場中的談話，像這些時候談到對方得意的事情，也是很平常的事。但是必須注意，對方得意的事情，是否曾遭某種打擊而消失，如有這種情形，千萬勿再提起，以免引起對方不快，反而對你不利。因為對方在高興的時候，你的請求易於接受，對方不高興的時候，雖是極平常的請求，也會遭到拒絕。比方他新近做成一筆發財生意，你去稱讚他目光準，手腕靈，引得他眉飛色舞，乘機稍示來意，也是好機會。諸如此類的例子很多，全在於你隨時留心，善於利用。

在這個社會上，會說奉承話的人，似乎比較吃香。當一個人聽到別人的奉承話時，心中總是非常高興，臉上堆滿笑容，口裡連說：「哪裡，我沒那麼好」，「你真是很會講話！」即使事後冷靜地回想，明知對方所講的是奉承話，卻還是抹不去心中的那份喜悅。

應該承認，有的人是不吃這一套的。高帽就是美麗的謊言，首先要讓人樂於相信和接受，所以就不能把傻孩子說成是天才，那樣會讓人感到離譜。

讚美人要準，奉承人手法要新，對於初次見面的人，哪一種讚美最有效呢？當然是談對方得意的話題，這是對人委婉而有效的讚美。

如果誇讚對方「你真是個好人」，即使是由衷之言，對方也容易產生「才第一次見面，你怎麼知道我是好人」的疑念及戒備心。但如果讚美你談論讓他感到得意的事情，情況就不同了。這種既成的事實與交情的深淺無關，對方也比較容易接受。這種間接奉承在初次見面時比較有效。

從對方得意的事情說起，是通往一個人內心的橋樑，也是與人交談、求人辦事的最佳捷徑。如果你能投其所好，說的話深入人心，就能達到最終的目的；如果反其所好，只會招來對方的厭惡，給自己帶來麻煩。因此，為了讓對方坦然說出心裡話，你必須儘早發現對方引以為自豪的地方，然後由此引開話題，以博得對方的好感。

語言中最次要的一個字是「我」

一篇題為《良好人際關係的一劑藥方》的文章曾經刊登於《富比士》雜誌上，文章中這樣寫道，語言中最重要的五個字是「我以你為榮！」語言中最重要的四個字是「您怎麼看？」語言中最重要的三個字是「麻煩您！」語言中最重要的兩個字是「謝謝！」語言中最重要的一個字是「你！」語言中最次要的一個字是「我」。

亨利・福特也曾說過：「一個滿嘴『我』的人，一個獨佔『我』字，隨時隨地說『我』的人，是一個不受歡迎的人。」

有人曾經做過調查，人們每天最常用的一個字就是「我」。為什麼人們對「我」字特別關心呢？就是因為大多數人都喜歡被人稱讚，也喜愛稱讚自己。因此，你若博取別人的好感，就要避免自我，懂得維護他人的自尊心。為了照顧對方，千萬不要常把「我」字掛在嘴上。

在人際交往中，「我」字講得太多並過分強調，會給人突出自我、標榜自我的印象，這會在對方與你之間築起一道防線，形成障礙，影響別人對你的認同。因此，會說話的人，在語言傳播中，總會避開「我」字，而用「我們」開頭。

說話時，把「我的」改為「我們的」，這對你並不會有任何損失，只會獲得對方的好感，使你同別人的友誼進一步地加深。因此，會說話的人，在語言傳播中，總會避開「我」字，而用「我們」開頭。例如「我建議，今天下午……」可以改成「我們今天下午……好嗎？」這可以縮短你和大家的心理距離，促進彼此間的感情交流。

如果非得用「我」字時，也要以平緩的語調淡化。既不把「我」說成重音，也不把語音拖長。同時，目光不要逼人，表情不要眉飛色舞，神態不要得意洋洋，你要把表述的重點放在事件的客觀敘述上，不要突出做事的「我」，以免使聽的人覺得你自認為高人一等，覺得你是在吹噓自己。

我們在與人交流中一定要記住，千萬別把「我」變成自己的語彙中最大的字。

感謝的話要立刻說出來

在任何一部漢語詞典裡，很少有詞語一講出就能立刻贏得一個人的好感。然而，「謝謝」這個詞卻有這樣的魔力。

生活中，我們經常會聽到這種抱怨：「我並不介意做所有的事，只要他每次能說聲『謝謝』」，「我為他做了那麼多，他連聲『謝謝』都不會說。」「謝謝」常常會被人們忽視，或因其太簡單而被忽略，以致在交往中不知不覺與好人緣失之交臂。也許很多人不是不想表達他們的感激之情，只是不知道該如何開口而只好選擇了沉默。

其實，表達謝意可以用很多種方式，比如鮮花、小禮物、午餐回報等，不管是用哪種方式，「謝謝」這個詞都要說出來或寫下來。以下是一些傳播這個不起眼但絕對重要的資訊的方法。

第一，**要誠心誠意**。

說「謝」字必須是誠心誠意，並要讓人感覺到這一點。一定要記住：表達你的感激不是什麼表面文章，而是你真的需要感激。這種感激應當是來自你內心的。所以，你表達自己的感激之情的時候，一定要真誠。

第二，**要有具體所指**。

如果你一個勁地握住別人的手說「謝謝」，別人卻不知所以然，那樣你的感激就會顯得空洞無物。所以，在你說謝謝的時候，一定要具體說出對方在哪一方面幫助了你，比如：「我真的非常感謝您為我介紹了不少客戶。」

第三，**要表示回報**。

別人幫助了你，你就要投之以桃，報之以李，當他需要幫助的時候，給予他回報。但是很多時候，別人幫助你並不是為了回報，即便他們需要你的幫助也不好意思開口。所以，在你說「謝謝」的時候，不妨表達一下回報的意思。比如你可以說：「我很感激您能在開顧問會議時回我的電話，以後只要有用得上我的地方，請隨時找我！」

第四，**說謝謝時，不忘對方名字**。

在感謝的時候，不要忘記對方的名字。「謝謝你！」和「謝謝你，小李！」的效果是完全不同的。尤其是你們並不是太熟悉的時候。

第五，**表達要自然**。

表達你的感激之情的時候，一定要使你的話清晰而自然，不要吞吞吐吐，含糊其辭，那樣會給對方做作的感覺。你需要表達你的感激的時候，一定是別人做了對你有幫助的事，你是受益者，所以你的感情應當是充滿快樂的。

第六，**主動及時**。

這是從感謝者的道謝態度和時間上來說的。感謝者要在別人為你做事後，在盡短儘快的時間內馬上去表示感謝。而且最好能主動挑選時間，特意親自道謝，而不要在路上遇見或偶然想起來時才表示感謝。

總之，要養成及時、隨時感謝別人的習慣，尤其當別人沒有想到時，一句出人意料的真心的感謝，會讓人滿心歡喜。但要注意千萬不要虛假客套，那樣別人會感覺得出來，並且覺得不舒服的。

相信每個人在聽到你真誠的「謝謝」時，心裡一定是高興的，喜悅的。所以，如果你想成為一個受歡迎的人，就把你的感激表達出來吧，不要把它永遠藏在心裡，那樣永遠也不會被人知道。

把安慰的話說到朋友心裡

我們每個人在生活中都難免會遇到不如意、煩惱的事情，所以經常渴望得到朋友的安慰。同時，我們也要學會安慰別人，用適當的語言去化解朋友的痛苦和不幸。

當然，安慰也是有一定的藝術性的。掌握一定的安慰技巧，才能讓你的安慰變成「金口玉言」。那麼，我們下面就分別來看看，安慰不同的人，什麼樣的語言安慰最有效。

一、安慰病人，不妨講點趣聞

如果你的一個朋友生病了，你到醫院或家中看望他，你也許會這樣安慰他說：「不要著急，安心休息，不久就會康復的。」你大概認為，這種安慰方式很不錯，很妥善。其實，這樣的話至多能算作是祝福，而不能是妥貼的安慰。

事實上，我們所能想到的類似安心休息之類的安慰病人的話，病人聽得多了，也許早就厭煩了。病期的生活是枯燥的，你的安慰語不如換成外邊有趣的新聞，或者一些幽默的話題，讓他從你的探訪中得到一點愉快，這就是給他最大的安慰了。

二、安慰死者家屬，千萬不要提及死者

如果在死者家屬正在為失去親人而痛不欲生的時候，你不停地為死者的去世表示惋惜，那只會引得死者家屬更加悲傷。何必為了表示你的惋惜而重新撩起別人的傷痛呢！

你不妨借用佛蘭克林曾說過的話，「我們的友人和我們都像被邀請到一個無限期的歡樂筵席中。因為他較早入席，所以他也會比我們先行離席。我們是不會如此湊巧地同時離席的。但當我們知道我們遲早也要像他一樣地離開這筵席，並且一定會知道將在何方可以找到他時，我們為什麼對於他的先走一步而感到悲痛呢！」

三、安慰失意的朋友，可採用「比下有餘」的方式

人總是會有一種比較的心理，如果一個人不幸，當她看到比自己更為不幸的人，不自覺地就會在心裡安慰自己，找到一種平衡，不再自怨自艾，反而會產生「知足」的情緒。

所以，當你的朋友失意之時，你不妨採用這種「比下有餘」的方式，舉例說還有很多比朋友更失意的人，來沖淡他的失意感。當然，這決不是安於現狀，不思進取，而是讓失意者看到自己的優勢和長處，以圖東山再起。

比如，你的女友向你哭訴，她和男友分手了，不要說：「我從來都不喜歡那個卑鄙的傢伙！」（要是他們兩個最後又重歸於好了，你就可能失去這個朋友。）要說：「感情破裂總讓人難以承受。但是，看看一直在勉強維持的那些人吧！成天吵架，生活一點興趣都沒有。相信你一定能找到那個帶給你快樂的人。這個週末，我們組織了一個郊遊，你也去散散心吧。」

四、留意對方的感受，千萬不要把自己當成中心

當你去探訪一個遭遇不幸的朋友時，你一定要記得你的目的：是為了支持他和幫助他擺脫困境，快樂起來。所以要留意對方的感受，把全部注意力轉到他身上，而不是只顧自己的想法，而是必須站在他的角度，用溫馨的言語安慰他，告訴他，人生沒有過不去的坎，所有的事情都會向好的方向發展。

五、給予對方恰當的支持

在安慰別人時要記住，不要強硬地告訴別人「你應該覺得……」或「你不應該覺得……」之類的話，人有權力保有自己真正的感覺，不需要你來左右。

安慰並不是要你幫助他作判斷，也不要想著他們此時正在受苦，需要接受幫忙；安慰是給予對方空間去做自己，並認同自己的感覺。我們不需要用「同意」或「反對」來表達同情和關心。

六、一定要告訴對方你的感受

很多人在安慰別人時，不希望別人知道自己當時的感受。其實大可不必，你完全可以讓他知道你此時的感受。你甚至可以直接對他說：「我現在無法理解你的感覺，也不知道自己該說什麼，但我真的很關心你，很希望你好起來。」即使你自己感到這樣的表達有些可笑，也要讓對方知道：如果你說不出來，也可以用書寫的方式來告訴他你的感覺。

誰不會遇到點煩心事呢？當你的朋友不開心的時候，安慰一下吧，最糟糕的是你什麼也不說，這樣可能會被誤會為你漠不關心。你不必說很多，只要能對症下藥，說到對方心裡去就行。

給死要面子的朋友多留一點面子

常言道：「人要臉，樹要皮。」在中國社會的人際交往中，面子是一個很重要的元素。為了面子，小則翻臉，大則會鬧出人命。如果你是個只在乎自己面子，而不給別人留面子的人，那你早晚會吃虧的。其實這種舉動正是在為自己的禍端鋪路，總有一天會吃到苦頭的。

再開明的領導也不喜歡有人在他面前直接指出他的錯誤，然後提出建議，因為這直接傷害了領導的面子。朋友也是這樣，當你在他面前提出很好的意見，即便他有時很想接受，但是礙於面子，他也會與你爭辯，這就是因為面子問題。

愛面子本身不是壞事，一個人愛面子，才說明他有自尊心與上進心，是一個有追求的人。相反，如果一個人一點面子都不要了，那就會和不知廉恥結合到一塊了。所以對待愛面子的朋友，我們沒有必要覺得難以接受，而應該學會給他留面子。

在與朋友相處的時候，為了給死要面子的朋友留點面子又不失去原則，不妨試試如下方法：

婉轉地闡明自己的觀點。沒有必要非得讓對方認同你，你也沒有必要直接推翻對方的觀點。當你與朋友為了某件事情爭論起來時，千萬要記住，不要與之正面爭執，而應該婉轉表明態度，而不要推翻朋友的觀點，要給對方留面子。

堅決退讓。這需要犧牲精神，更需要有與世無爭的心態。當你發現爭執下去只會使結果更糟糕時，你需要全身而退，把面子留給別人。通常這種做法可以緩解緊張的氣氛，對於維持友情還是很有必要的。

借用幽默，給朋友臺階下。當你發現朋友出現尷尬的時候，你不妨製造幽默，給朋友留面子。或是當朋友犯了明顯的錯誤，而你又不想直接指出，你就可以採用借古論今、旁敲側擊的方式間接提醒對方。**駁人面子，你得到的只能是別人的厭惡和憎恨。**而給人面子，絕不會讓你損失什麼利益，反而能收穫好感與尊重。所以，學著給死要面子的朋友一點面子吧！這樣的「生意」做起來才划算。

讓朋友表現得比你優越

法國哲學家羅西法古說：「如果你要得到仇人，就表現得比你的朋友優越；如果你要得到朋友，就要讓你的朋友表現得比你優越。」

安德魯·卡內基是美國的鋼鐵大王，他白手起家，而且對鋼鐵專業知識和技術並不在行，卻成為舉世聞名的鋼鐵鉅子，很多人都對他的傳奇成功史感到好奇。於是，一位記者在採訪他時不禁問道：「您的鋼鐵事業成就是公認的，您一定是世界上最偉大的煉鋼專家吧？」

「記者先生，您錯了，煉鋼學識比我強的，光是我們公司，就有兩百多位呢！」卡內基大笑著答道。

記者繼續不解地問道：「那為什麼您是鋼鐵大王？您有什麼特殊的本領？」

卡內基說：「因為我知道如何鼓勵他們，使他們能發揮所長為公司效力。」

原來，卡內基的鋼鐵廠曾因產量上不去，效益甚差。卡內基果斷地以一百萬美元年薪，聘請查理・斯瓦伯為其鋼鐵廠的總裁，並稱自己對於鋼鐵毫無研究，交由他全權負責。

斯瓦伯上任後，對鋼鐵的生產和管理盡心盡力。這座工廠的生產情況迅速得到改善，產量大大提高，卡內基也從此逐步走向鋼鐵大王的寶座了。

可見，卡內基是十分聰明的。如果他自命是最偉大的煉鋼專家，那麼，至少會導致一些水準與其不相上下的專家不滿，不肯為之盡心效力了。

英國十九世紀政治家查士德斐爾爵士曾經教導兒子說：「要比別人聰明，

但不要告訴人家你比他更聰明。」蘇格拉底也在雅典一再地告誡他的門徒：「你只知道一件事，就是你一無所知。」無論你的觀點有多麼正確，對對方有怎樣大的幫助。你在指出別人的錯誤時，一個蔑視的眼神、一種不滿的腔調、一個不耐煩的手勢，都有可能帶來難堪的後果。你以為他會同意你的觀點或者對你心存感激嗎？絕對不會！因為你否定了他的智慧和判斷力，打擊了他的自尊心，同時還傷害了他的感情。他非但不會改變自己的看法，還要進行反擊。這時，你不論如何努力補救或者一再證明自己觀點的正確性，怕是都無濟於事了。

記住，永遠不要說這樣的話：「等著瞧吧，你會明白到底誰對誰錯的！」這等於說：「我會使你改變看法，我比你更聰明。」這分明就是一種挑戰，在你還沒有開始證明對方的錯誤之前，他已經準備迎戰了。那麼，我們為什麼要給自己增加困難呢？

德國人有一句諺語，大意是這樣的：「最純粹的快樂，是我們從那些我們的羨慕者的不幸中所得到的那種惡意的快樂。」或者，換句話說：「最純粹的快樂，是我們從別人的麻煩中所得到的快樂。」

是的，你的一些朋友，從你的麻煩中得到的快樂，極可能比從你的勝利中得到的快樂大得多。因此，我們對於自己的成就要輕描淡寫。我們要謙虛，要讓朋友表現得比自己優越，這樣的話，我們就會永遠受到朋友們的歡迎。

每個人都有相同的需求，都希望別人重視自己、關心自己，那麼，讓我們放下自己的優越感，謙虛地對待周圍的朋友，鼓勵別人暢談他的成就，而不要喋喋不休地自吹自擂。這樣在別人得到優越感的同時，我們會得到更多的朋友。

沒有誰能抵抗傾聽式的「諂媚」

伍爾特說過：「沒有人能抵抗傾聽式的諂媚。」也有人說：「上帝給人們兩隻耳朵，一張嘴，其實就是要我們多聽少說。」專心地聽別人講話，是你所能給予別人的最有效的，也是最好的恭維。

沒有人喜歡無時無刻都滔滔不絕的人，人們總是更關注自己的問題和興趣。如果有人願意聽你談論自己，你也會馬上有一種被重視的感覺。

在小說《傲慢與偏見》中，麗萃在一次茶會上專注地聽著一位剛剛從非洲旅行回來的男士講他在非洲的所見所聞，她幾乎沒有說什麼話，但分手時，那位紳士卻對別人說，麗萃是個多麼擅言談的姑娘。

傾聽能讓你更快地交到朋友，贏得別人的喜歡。當然，學會傾聽，並不等於是保持沉默就足夠了，其中還是包含著不少學問的。如果我們只用眼睛或耳朵來接收文字，而不用心去洞察發現對方的心意，我們就沒有實現讀或聽所想達到的目的，結果只是浪費時間，並不能達到有效溝通的目的。

真正的傾聽，是要用心、用眼睛、用耳朵去聽。我們不僅要懂得傾聽，還要學會如何傾聽，才能讓自己掌握主動權並獲得好感。以下是在交往中要掌握的幾個傾聽的小技巧。

第一，要有良好的精神狀態。

良好的精神狀態是傾聽品質的重要前提，如果溝通的一方萎靡不振，是不會取得良好傾聽效果的，它只能使溝通品質大打折扣。要努力維持大腦的警覺，而保持身體警覺則有助於使大腦處於興奮狀態。

第二，及時用動作和表情給予呼應。

談話時，應善於運用自己的姿態、表情、插入語和感嘆詞。諸如：微笑、點頭等，這些都會使談話更加的融洽，並配合對方的語氣來表述自己的意見。

第三，使用開放性動作。

開放性動作是一種資訊傳遞方式，代表著接受、容納、興趣與信任。這會讓說話者感到你已經做好準備積極適應他的思路，理解他所說的話，並給予及時的回應。它傳達給他人的是一種肯定、信任、關心乃至鼓勵的資訊。

第四，必要的沉默。

沉默是人際交往中的一種手段，它看似一種狀態，實際蘊涵著豐富的資訊，就像樂譜上的休止符，如果運用得當，則含義無窮，真正可以達到「無聲勝有聲」的效果。但沉默一定要運用得體，不可不分場合，故作高深而濫用沉默。而且，沉默一定要與語言相輔相成，才能獲得最佳的效果。

第五，適時適度的提問。

適時適度地提出問題是一種傾聽的方法，它能夠給講話者以鼓勵，有助於雙方的相互溝通。

第六，不要隨便打斷別人講話，要有耐心。

當碰到說話內容很多，或者由於情緒激動等原因致使語言表達有些零散甚至混亂時，遇到這種情況，你都應該耐心地聽完他的敘述。即使有些內容是你不想聽的，也要耐心聽完。千萬不要在別人沒有表達完自己的意思時，隨意地打斷別人的話語。當別人流暢地談話時，隨便插話打岔，改變說話人的思路和話題，或者任意發表評論，都被認為是一種沒有教養或不禮貌的行為。

要使別人對你感興趣，那就先對別人感興趣。問別人喜歡回答的問題，鼓勵他人談論他自己及所取得的成就。不要忘記與你談話的人，他對他自己的一切，比對你的問題要感興趣得多。

總之，傾聽需要做到耳到、眼到、心到，當你通過巧妙的應答，輕鬆把別人引向你所需要的方向或層次時，這樣你就輕鬆掌握談話的主動權了。

第四天　言之有趣

——愉人悅己，幽默談吐自有魅力

有了幽默，談吐才可以讓人覺得醇香撲鼻，雋永甜美。它是引力強大的磁石，有了幽默口才，便會把一顆顆散亂的心吸入它的磁場，讓別人臉上綻開歡樂的笑容。它是智慧的火花，是智慧者靈感勃發的光輝。

得體的幽默最能取悅人心

語言的表達，是人與人之間感情交流的主要管道，語言障礙無疑是人際交往的大敵。因此，在彼此交流的過程中，要設法讓雙方的心靈距離拉近些，而幽默感恰是取悅人心的神奇力量。

人們常說，幽默是思想、學識、智慧和靈感在語言運用中的結晶，是一瞬間閃現的光彩奪目的火花。因此，幽默的言談將使你的社交如魚得水，處處逢源。

蔡元培七十歲生日時在國際飯店設宴，上海各界人士專程前來為他祝壽，很多人都是蔡元培第一次見到。

於是，在致辭答謝的時候，蔡元培幽默風趣地說：「諸位來為我祝壽，總不外要我多做幾年事。我活到了七十歲，就覺得過去六十九年都做錯了。要我再活幾年，無非要我再做幾年錯事嘍。」

賓客一聽，哄堂大笑，整個宴會充滿了歡聲笑語。

與人交流的時候，多用一些幽默的語言，不僅可以消除人與人之間的疏離感，還能達到人我交融的美好境界。許多政治家、教育家、藝術家、談判家都知道，如果把幽默的神奇力量注入潛意識之中，就可以使自己更容易讓人親近，更富有人情味。

美國前總統柯林頓在美國有線電視新聞網（CNN）發表競選演說時說：「有人問我除了會吹牛之外，還會吹什麼？」柯林頓邊說邊拿出藏在身後的薩克斯風，「今天我要讓大家知道，我還會吹這個。」

隨後，柯林頓拿出了看家本領，吹了好幾首名曲，他的才藝展示和他的幽默話語，一起幫助他拉近了與選民的距離，頗得選民好感。

幽默能夠消除人與人之間的陌生感，並為幽默者增添魅力；幽默也能拉近人與人之間的距離，因為一起笑的人表明他們之間已經有了共同的興趣、愛好，這是社交成功的第一步，也是很重要的一步。所以，學著適當地掌握一些幽默的技巧，給生活增添一道幽默和詼諧的色彩吧。如果能夠在初次見面時，就用你的巧語妙言逗得對方開懷一笑，那麼，之後的人際交往將會更加愉快！

朋友間的小玩笑更能增添交往情趣

知己好友不可少，已經成了越來越多的人所信奉的準則。廣泛的人際關係能讓我們更快地獲得成功的青睞，而閒暇時邀上三五好友，一起聊天、遊玩也是人生一大美事。假如能學會巧妙地運用幽默的口才，更可以為朋友間的交往增添情趣，讓你在朋友中間備受歡迎。

有一個叫佛印的和尚和蘇東坡交往頗深，經常和蘇東坡一起出去遊山玩水，吟詩作對，而且兩人都幽默機智，經常互開玩笑。

這個佛印雖然做了和尚，但是仍然非常灑脫，還常與蘇東坡一塊喝酒吃肉，百無禁忌，完全不受佛門清規戒律的束縛。

有一次，佛印聽說東坡要到寺裡來，就趕緊叫人燒了一盤東坡愛吃的紅燒酥骨魚。魚剛剛做好，蘇東坡也正好到了門外。佛印聽到東坡的腳步聲，眼睛一轉，想跟他開個玩笑。正好旁邊有一隻銅磬，於是他順手就把做好的魚藏進了這個磬中。

蘇東坡在門外就聞到了魚的香味，滿以為又有魚吃了。但是進來一看，飯桌上沒有魚，而香案上的銅磬卻倒扣著，於是他馬上就明白了，但卻裝作不知道。他一坐下來就開始唉聲嘆氣，一副悶悶不樂的樣子。

佛印不知是怎麼回事，感到奇怪了。他知道蘇東坡素來就是個樂天派，笑口常開，今天怎麼這麼反常啊？不由得關切起來：「大詩人，為何愁眉不展呀？」

蘇東坡嘆了口氣回答說：「唉！你有所不知，早上有人出了一個上聯，要我對下聯。我整整想了一早上，才對出四個字，所以心煩。」

佛印疑惑地問：「不知上聯怎麼寫？」

「向陽門第春常在。」

佛印聽了覺得好笑，這副對聯不是早已老掉牙了麼？誰人不曉啊，莫非他存心耍我？佛印邊想著，邊靜觀其變，看看他葫蘆裡賣的什麼藥？於是他也裝作若無其事地接著往下問：「那麼，對出哪四個字呀？」

「積——善——人——家。」東坡故意慢慢地一字一頓地念出來。

佛印不假思索地大聲接著說：「慶—有—餘。」

聽到這裡，蘇東坡忍不住哈哈大笑起來：「既然磬（慶）裡有魚（餘），為什麼不早拿出來嘗嘗呢。」

直到這個時候，佛印才知道中計了。這個小插曲讓兩人相視一笑，開懷暢飲起來。

汪倫和唐代著名詩人李白也是通過幽默成為好朋友的。

汪倫對李白十分仰慕，於是，便給李白寫了一封信，邀李白前來遊玩。信中這樣寫道：「先生好遊乎？此地有十里桃花。先生好飲乎？此地有萬家酒家。」

李白接到信後，一看既有美酒，又有美景，甚是高興，欣然前往。

見面之後，李白問道：「不知汪兄心中所說的十里桃花和萬家酒家所在何處？」

汪倫答道：「離此十里之外有個桃花渡，此乃『十里桃花』；在桃花潭西側有戶姓萬的人家開的酒家，乃是『萬家酒家』。」

李白被汪倫的幽默逗得大笑，覺得十分有趣，就在那裡住了下來，待到數月之後，李白決定離去之時，兩人已成知己。李白感念汪倫的盛情，寫下了膾炙人口的《贈汪倫》一詩。

巧妙地運用幽默，可以使交流變得更加融洽，讓人心情放鬆。用幽默的方式和態度對待他人，能填平雙方之間的鴻溝，讓彼此之間走得更近，也更容易得到一種樂趣與默契。

反彈琵琶，讓幽默別具風趣

幽默的高手常常善於發掘自己的潛力，標新立異，出奇制勝。反彈琵琶式的逆向思維型幽默就是其中的一種。這種創新的幽默不僅能在平凡中發現不平凡，有時甚至能化腐朽為神奇。

有一個香煙公司的老闆，在街中心大聲地宣傳著：「新牌香煙芳香可口，餘味無窮，還可防蟲牙，除百病，還有其他好處……」

這時，突然從人群中走出來一個老頭，他幫著老闆說：「其他的好處我來補充：小偷不敢進屋，狗不會咬，永遠不會老……」

這位老闆聽了喜形於色，趕忙和老頭握手，並向他又是點頭又是敬煙，然後畢恭畢敬地要求老頭向聽眾解釋他的話。

老頭平靜地說：「抽煙的人整夜咳嗽，小偷敢進屋嗎？抽煙的人身體虛弱，走路拄著拐棍，狗敢咬嗎？抽煙的人易患癌症，能活到老嗎？」

聽到這番解釋，人群哄然大笑起來。

這就是運用了反話正說，明褒實貶的幽默方法。這位老人就讓我們在這樣的反差中感受到了幽默的力量。

有時，我們還會遇到一些說話就喜歡口出狂言的人，你若與他正面交鋒，很可能造成兩敗俱傷，這時候就不妨使用一下「反彈琵琶」的技巧，可以先順承對方的意思，對對方所說的話加以肯定，然後急轉直下，說出相反或不同的觀念。使對方冷不丁受當頭棒喝而暈頭轉向，失去招架之功。

「反彈琵琶」不在乎力量的強弱，而在於把握語機，語機把握準了，即可達到「四兩撥千斤」的效果。

一位演講家在一次演講中打了一個比喻，說：「男人，像大拇指；女人，像小拇指。」

話音剛落，全場譁然，女聽眾們強烈反對演講家的這一比喻，認為這是貶低了女性。演講家立即補充道：「女士們，人們的大拇指，粗壯有力，而小拇指卻纖細、靈巧而且可愛，不知諸位女士，哪一位願意顛倒過來？」

這句話就好像一顆靈丹妙藥一般，立即平息了女聽眾的憤怒，讓她們相視而笑。

演講家以大拇指喻男人，以小拇指喻女人，幾乎引起會場軒然大波。這不奇怪，因為按一般人的觀念，大拇指是頂呱呱的象徵，而小拇指是差勁的象徵。但演講家實際上是蓄意正話反說，他把女聽眾弄得嗔怒之後，一下把原比喻翻轉過來，揭示出他的正面意思。

在社會生活，甚至是外交場合的對話中，莊重嚴肅的話題也並不一概排除詼諧幽默的多種語言表達方式。相反，只要運用巧妙，有時還會收到莊重直言未能實現的效果。

遭遇挑釁，不要忽視幽默的「戰鬥力」

在人際交往中，會結識形形色色的人、會處在不同的環境，因此經常會遇到對方的刁難和棘手的問題。而對這種情況，如果氣急敗壞，會顯得有失風度；但也不要說不出話來，具備必要的幽默技巧是最好的「擋箭牌」和「武器」。它既確保人格尊嚴，又表現出敏捷的才思、寬大的胸懷。

英國著名的劇作家蕭伯納便是一個很善於運用幽默進行防衛反擊的人。有個資本家企圖在蕭伯納的演出中當眾羞辱他一番，他大聲說道：「人們說，偉大的戲劇家都是白癡。」蕭伯納笑著回敬道：「先生，我看你就是最偉大的戲劇家！」資本家十分尷尬，此前的囂張氣勢頓時消失了。

蕭伯納正是運用了諷刺的幽默，給予了對方有力的回擊，維護了自己的尊嚴，從遭受侮辱的境地中解脫出來。

奉系軍閥張作霖在面對日本人的惡意攻擊時，也用了幽默的語言很好地回擊了他們。

有一次，張作霖應日本人邀請出席酒會。在酒會上，這位東北「土皇帝」派頭十足，威風凜凜，使在場的日本人大為不快，日本人設計要當眾羞辱張作霖，以發洩他們內心的積懣。

酒會場上，燈紅酒綠，人頭攢動。三巡酒過，一個日本名流離席而去。不一會，他捧來筆墨紙張，定要張作霖當場賞幅字畫。他們以為張作霖是「土包子」，斗大字不識一籮筐，定然會當眾出醜。

不料，張作霖接過紙筆，竟不推辭，寫完後，旁若無人地坐回自己的席位。眾人齊看紙上寫的是「虎」字，落款為「張作霖手黑」。

張作霖的秘書湊近張作霖小聲說：「大帥，您的落款『手墨』的『墨』字下面少了一個『土』，成了『黑』字了。」

張作霖聽了，兩眼一瞪，大聲罵道：「你懂個屁！誰不知道在『黑』字下面加個『土』字念『墨』？我這是寫給日本人的，不能帶土，這叫『寸土不讓』！」在場的日本人聽了，個個張口結舌。

當你處在一種相當狼狽的境地，備受他人攻擊和惡意侮辱時，你無須驚慌失措，也不必十分憤怒，或者萬分沮喪，因為這一切都無法幫你從遭受挑釁和侮辱的境地中解脫出來。在這種時候，就需要你把自己思維的潛在能量充分調動起來，運用幽默語言做出超常的發揮，給對方以反擊，就可以幫自己輕鬆地擺脫困境。

幽默調侃讓矛盾煙消雲散

每個人都有自己的生活目標，由於利益和目的的不同，我們與他人在觀點和立場上難免會發生一些分歧，甚至導致衝突和矛盾的產生；但假如能夠巧妙地運用幽默，就能夠有效地緩解矛盾，將自己從對立的境地裡解救出來。

對於敵人的攻擊，幽默有著自我保護的作用；而對於別人的讚揚與批評，幽默又有著平衡心態的作用。比如身居高位者，難免碰到自己受重視，別人被冷落的情況。這種情況下，如果你是那個受重視的人，就應該施展手段，減少對方的敵意。適度地講講自己的醜事，詼諧幽默地「抹黑」一下自己，不失為一個好的辦法。

一家飯店的衛生不合格，經常有顧客在用餐時發生不愉快的現象。一次，一位顧客在吃飯時，竟然在碗裡發現了一根頭髮，於是把服務員叫來，問道：「你們餐廳是不是換新廚師了？」

服務員很詫異：「你怎麼知道的？」

顧客：「當然知道啦，平日的湯裡總有一根白頭髮，今天的碗裡是根黑頭髮。」

服務員靈機一動，脫口而出：「先生，您說的可能是以前的情況，現在我們的廚師可是一位禿子」。

這位顧客非常聰明地發揮了他的幽默，既向對方委婉地表達了自己對該餐廳飯菜衛生的意見，又給對方留了面子，使他們不至於惱羞成怒。而更絕的是該餐廳的服務員，又用幽默成功地幫助餐廳走出了尷尬。在一片歡笑聲中避免了一場口舌干戈。

不管是為了自我保護，還是為了調節氣氛，都請學會一點幽默的技巧吧。幽默巧答，靈活解脫，化解敵對情緒，不應該被認為是「耍滑頭」。相反的，用幽默化解敵對情緒的敵意，讓人與人相處更加融洽，交談更加順利，辦事更加有效率。

尷尬時，讓幽默幫你一把

現實生活中，人們難免會遇到讓自己尷尬的事情，當時恨不得挖地三尺找一個逃避的途徑，或者急切地希望有人能來為自己救場呢！其實大可不必窘迫不安，也不要寄希望於別人，還是用輕鬆的調侃幫你一把，儘快讓尷尬煙消雲散吧。

雷根總統第一次訪問加拿大的時候，有一天，他正在某地舉行演說，可是，很多示威的人不斷高呼反美口號，使他的演說不得不時時中斷。

陪同他的加拿大總理皮埃爾・特魯多見此情景很難為情，眉頭緊緊皺了起來，覺得示威的人群對這位美國總統太不尊重。

可是，面對如此難堪的場面，雷根總統仍然是一臉的輕鬆。他滿面笑容地說：「這種事情在美國時有發生。我想這些人一定是特意從美國來到貴國的，他們想使我有一種賓至如歸的感覺。」

緊皺雙眉的特魯多聽了這話頓時鬆了口氣，也跟著開懷大笑了起來。

大哲學家蘇格拉底就是一位非常有幽默感的人，他對別人的錯誤從不採取指責的態度。同樣，對於自己的處境也很少感到窘迫或者為難，而是採取一種迂迴的方式來表明看法或者化解尷尬。

據記載，蘇格拉底的妻子是一個性情十分暴躁的人，經常會當眾給這位著名的哲學家以難堪。

有一次，蘇格拉底在同幾個學生討論某個學術問題，他的妻子不知何故，忽然叫罵起來，震撼了整個課堂。繼而，他的妻子又提起一桶涼水向蘇格拉底潑了出去，致使蘇格拉底全身濕透。

當學生們感到十分尷尬而又不知所措的時候，只見蘇格拉底詼諧地笑了起來，並且笑著說：「我就知道打雷之後一定跟著要下雨的。」

尷尬時刻，面帶笑意地幽默一下，往往勝過費盡心機的辯解，而且能夠在這種情況下保持神志清醒，並能夠用輕鬆的話語進行調侃，本身就顯示了優雅的人格魅力。

正面反抗或者回避問題，肯定會使自己的形象大打折扣，甚至引起怨恨，導致交流和溝通無法繼續進行，從而使自己陷入更加尷尬的境地。而採用幽默的語言，不僅能挽回難堪的局面，還能博人好感。

會說話的人能將不滿隱藏在幽默之中

與人交往，總不可能事事如願。因此，我們常常抱著忍耐的心態，對於那些無關緊要的小事就儘量讓它一帶而過。然而，有時候，過多的容忍會讓你喪失原則。當你對某人或某事產生了意見，但又不方便直說時，也不妨神色自若地使用一下幽默，在保全了雙方的顏面同時，又能達到目的，可謂是一舉兩得的最佳方案。

一次，威尼斯新執政官上任，舉辦了一場宴會，詩人但丁雖然與宴會主辦方並不熟悉，但因為很有名望，也受到了邀請。

宴會上，侍者獻給義大利各城邦使節的是一條條很大的煎魚，而給但丁送上的卻是幾條小魚。但丁於是故意當著主人的面，把盤裡的小魚逐條拿起靠近耳朵，然後又一一放回盤中。宴會主人見此情況，就問但丁，為什麼做這種莫名其妙的動作。

但丁站起身來，清了清嗓子，以在場所有人都能聽到的音量回答：「幾年前，我的一位朋友，很不幸在海上遇難。自那以後，我始終不知道他的遺體是否安然埋於海底。所以，我就問問這些小魚，也許牠們多少知道一些情況。」

宴會主人對此很感興趣：「那麼，牠們又對你說了些什麼呢？」

但丁故弄玄虛地回答：「小魚們告訴我說，那時牠們都很幼小，對過去的事情不太瞭解，不過，也許鄰桌的大魚們知道一些具體情況，牠們建議我向大魚們打聽打聽。」

宴會主人不由得笑了，轉身責備侍者不該怠慢貴客，吩咐他們馬上給詩人端上大魚。

像但丁這樣，在宴會中受到不公平待遇，又因為與主辦人的不熟悉，溝通不暢而互相也不夠瞭解，換了別人，很可能早已憤怒離席。但是但丁不僅沒有拍案而起，反而將自己的不滿幽默婉轉地表達出來。

這種幽默既指出了對方過失，同時又因自己提出要求的委婉技巧，而使任何人聽了都不可能無動於衷，因此，必然是一邊為對方機智的談吐逗笑，一邊又不無歉意地請求對方原諒自己的考慮不當。這樣，無須在言語上發生衝突，就其樂融融地達到了雙贏的境界。而且相信宴會主人看了但丁的「滑稽」表現，一定會忍俊不禁。兩個原本陌生的人，關係就在這一刻被拉近了。

而對於批評人而言，幽默也有著其他語言技巧不可比擬的作用。

羅西尼是十九世紀著名的義大利作曲家。有一次，一個作曲家帶了份七拼八湊的樂曲手稿去向他請教。演奏過程中，羅西尼不住地脫帽。作曲家問：「是不是屋裡太熱了？」

羅西尼回答說：「不，我有見到熟人脫帽的習慣，在閣下的曲子裡，我碰到那麼多熟人，不得不連連脫帽。」

對於這位求教的作曲家七拼八湊的樂曲手稿，羅西尼顯然非常不滿，但他沒有點破對方「抄襲」「拼湊」，而是用富於幽默的「不住地脫帽」的動作和「碰到那麼多熟人」的解釋，暗示了自己尖銳的批評意見，這種批評雖不如直說那般鮮明尖銳，但它不僅生動形象，而且，更富於諷刺意味且耐人尋味。

蕭伯納是英國著名的文學家，他運用幽默的能力也堪稱一絕。

蕭伯納的脊椎骨一直受病痛折磨，在一次去醫院檢查的時候，醫生對蕭伯納說：「有一個辦法，從你身上其他部位取下一塊骨頭來代替那塊壞了的脊椎骨。」並說：「這手術很困難，我們從來沒有做過。」醫生這樣說的潛在意思，是想多要點手術費。

蕭伯納當然明白他們的意圖，但他並沒有與醫生爭論，也沒有向院方表示自己的不滿，而是幽默地淡淡一笑說：「好呀！不過請告訴我，你們打算付給我多少手術試驗費？」

這樣，醫生頓時無話可說。

本來一個很棘手的問題，被蕭伯納處理得極其巧妙，從而避免了不愉快。真可謂高明之至。

讓對方輕鬆愉悅地接受你的拒絕

有時候，面對朋友的請求，我們不得不拒絕。聰明一點的人，可能會懂得將拒絕的話修飾得巧妙一些，以使對方不至於為此而感到生氣。而從最會說話的人口中說出的拒絕，不但不會得罪對方，還能讓對方輕鬆愉悅地接受。

《諧語》為明朝郭子章所著，書中說，有朋友求在朝中當官的蘇東坡為他謀個差使，蘇東坡對來求他的這個朋友說了一個故事：「以前有個盜墓人，掘開第一個墓的時候，發現一個赤身裸體的人，這是王陽孫，因為他是主張裸體下葬的；掘開第二個墓的時候，竟然掘出了漢文帝，他是個不准隨葬金銀玉器的皇帝；第三個墓裡掘出了餓死在首陽山的伯夷，盜墓人還想繼續掘第四個墓，伯夷說：『別費心了，我弟弟叔齊也無門路！』」

對蘇東坡有所求的人聽完了這個故事，便知趣地走了。蘇東坡就這樣通過幽默風趣的話語，在不得罪朋友的情況下巧妙地回絕了他。

美國總統羅斯福就是一個幽默風趣的人，看看他是怎麼運用幽默拒絕別人的吧。

羅斯福在海軍任職的時候，有一位朋友向他打聽海軍在加勒比海一個小島上建立潛艇基地的計畫。這個問題不好回答，直接拒絕的話會讓自己朋友尷尬，沒面子；但是這是很機密的問題，是不能外洩的，即使是朋友也不能說，於是羅斯福向周圍看了一眼，壓低聲音說：「你能保守秘密麼？」

他朋友答道：「當然能。」

羅斯福微笑著說：「那我也能。」

面對一些無理的要求，如果明言拒絕，會讓人難堪，如果運用幽默委婉的語言拒絕，就顯得很婉轉、含蓄，既表達了自己的拒絕意圖，又使對方樂於接受。

偶爾幽自己一默，更有意想不到的效果

人人都喜歡幽默，然而，想要使自己的談吐在短時期內就能變得詼諧幽默起來，卻不是一件很容易的事情。幽默不是三言兩語即可傳授的，它是睿智的

體現，是一個人的思想、學識、智慧、靈感在語言中的體現。在日常談吐中，不僅要能夠對他人幽默，偶爾的時候，幽自己一默，也能收到不錯的效果。

自嘲式的幽默不僅能夠使你魅力倍增，而且可以幫你化解尷尬，提高個人魅力。

年過四十的女演員上臺領獎時，因為行走得過於匆忙，禮服上的披肩滑落在了地上。在無數記者、影迷的注視之下，這是多麼尷尬的事啊。

然而影后畢竟是影后，她鎮定自若地拾起披肩，然後不慌不忙地說道：「女人一過四十，什麼都往下掉。」

此言一出，頓時贏得了滿堂喝彩。

在眾多的幽默形式中，對他人或者他事進行幽默占了絕大多數。而能對自己的缺點或尷尬、難堪情形進行幽默，是一種機智，更是一種胸懷和氣魄。這樣，不僅能幫你化險為夷，擺脫尷尬，還能助你獲得他人的理解與尊重。

第五天 言之有蜜
——話如品茗，會讚揚更要巧批評

生活中，讚美不僅能改善人際關係，而且能改變一個人的精神面貌和情感世界。批評他人時，一定要講究策略。一時衝動就口無遮攔，是十分愚蠢的做法。我們需要真誠地讚美，也需要善意的批評。

「奉承」易得人心，不落俗套效果更好

拉羅什夫科曾說：「讚揚是一種精明、隱秘和巧妙的奉承，它從不同的方面滿足給予讚揚和得到讚揚的人們。」讚揚是給別人最高的獎賞，能有效地縮

短人與人之間的人際心理距離，是一種有效的交往技巧。

美國著名的女企業家玫琳凱說過：「世界上有兩件東西比金錢和性更為人們所需——認可和讚美。」在人的內心最強烈的渴求就是自尊和受到他人重視，每個人都無一例外地希望受到讚美。每個人心中都需要這樣一種被重視的感覺，一旦別人幫助他實現了或讓他體驗到了這種感覺，他就會對這個人感激不盡。

雖然人都喜歡聽讚美的話，但並非任何「奉承」都能打動人心。「奉承」的手法不落俗套，效果更好，對於初次見面的人來說，這種方法尤為有效。經驗表明，最好避免以對方的人品或性格為對象，而稱讚他過去的成就、行為或所屬物等看得見的具體事物，這樣才能達到最佳的讚美效果。

仔細想想就不難明白，與人初次見面，如果讚美對方的為人不錯，即使是由衷之言，對方也容易產生「才第一次見面，你怎麼知道我的為人呢」的疑念及戒備心。如果讚美過去的成就或行為，情況就大不一樣了。

讚美這種既成的事實與交情的深淺無關，對方也比較容易接受。也就是說，不是直接稱讚對方，而是稱讚與對方有關的事情，這種間接奉承在初次見面時比較有效。如果對方是女性，則她的髮型服裝和裝飾品將是間接奉承的最佳對象。

如果稱讚不得法，反而會遭到排斥。所以要恰如其分地讚美別人確實是件很不容易的事。為了讓對方坦然說出心裡話，必須儘早發現令對方引以為自豪、喜歡被人稱讚的地方，然後對此大加讚美。

但需要注意的是，在尚未確定對方最引以為自豪之處前，最好不要為了標新立異而胡亂稱讚，以免自討沒趣。試想，一位原本已經為身材消瘦而苦惱的女性，聽到別人讚美她苗條、纖細，又怎麼會感到由衷的高興呢？

我們還應該知道的是從第三者口中得到的情報，有時在初次見到對方時能起到重要的作用。因此，利用所得到的情報當面誇獎對方，當然也是為了讓自己佔據主動的位置。但是，如果你將這些情報、傳言直接轉述給對方，恐怕只會遭到輕蔑。因為滿街飛舞的有關他的傳言就是人們對他公認的名聲。對此他已經聽膩了，甚至麻木了，如果你舊事重提，對方表面上也許付之一笑，內心卻十分厭煩，甚至會說：「看！又來了，老一套！」而將你打入他以前認識的很多平庸者的行列。

關於對方的傳言，對你來說即使十分新鮮，也應避開這些陳舊的讚美之詞，而大大讚美他不易察覺而又最想被人稱讚的一面。正如現代著名作家三島由紀夫的著作《不道德教育演講》中的將軍，一聽到別人稱讚他美麗的鬍鬚便大為高興，但對於有關他作戰方式的讚譽卻不放在心上。這種心理是每個人都有的。大概不少人讚美軍人都習慣從戰績出發，但是，不論在這方面怎樣讚美他，也只是讚歌中的同一支曲子，不會使他產生自我擴大感。然而，如果你對他軍事才能以外的地方加以讚賞，等於在讚詞中增加了新的條目，他便會感到無比的滿足。

可見，會說話的人不僅懂得讚美別人，還要懂得如何把讚美的話說得漂亮，說得不落俗套。這樣的「奉承」才能讓人甜到心裡。

送人一個「美名」

正所謂「人如其名」。名字就像人的衣裳一樣，對於一個人的形象和自信有很大的影響。不論是男人、女人、小職員抑或大老闆，每個人都想竭盡全力去維持他在人們心中的好印象。所以，如果你要博取好感，那麼就送人一個「美名」吧！

袁世凱竊取了中華民國臨時大總統權力後，整天都在做著皇帝夢。

有一天，他在睡覺時，忽然被器皿打碎的聲音驚醒。他看到自己倍感珍貴的一隻玉碗被家裡的侍女打得粉碎！

袁世凱氣憤極了，他怒氣衝衝地衝侍女喊道：「你犯了殺身之禍，今天非要了你的命不可！」

「小人實在有罪，不過這不全是小人的錯，小人有下情不敢上達。」侍女哭訴道。

「有什麼話？快說！」袁世凱追問。

「小人剛才用玉碗端參湯進來時，發現床上躺著的不是大總統。」侍女說道。

聽了這話，袁世凱更加氣惱了：「混帳東西！床上躺的不是我，還能是誰？」

「床上……床上……」侍女應聲跪下，「床上躺著的是一條五爪大金龍！」

袁世凱頓時樂了，以為自己真是真龍轉世，高興地拿起一遝鈔票賞給侍女，說是讓她拿去壓壓驚。

聰明的婢女在生死存亡之際，機智地送給袁世凱一個「金龍」的美名，帶出「真命天子」的隱喻，不僅免了殺身之禍，而且還得到了獎賞，是多麼討好的一個舉措啊。

但是，美名雖好，可尺寸也得合乎規格才行。過於誇張的美名是不明智的。美名的效應在於它容易招致榮譽心，榮譽心會產生滿足感，但當人們發現你送的美名太天馬行空時，常會產生一種受到愚弄的感覺。所以寧肯不去恭維，也不宜誇大無邊。此外還需注意，送人美名一定要送得時機成熟，恰到好處，這關鍵就是要投其所好，擺出一份誠摯的心意及認真的態度。

不要說你不善於用美名去討好別人，也不要懷疑自己不具備這樣的智慧與潛質，給人起外號的事情相信每一個人都多多少少地參與過。其實，美名也是一種外號，不過是要求你站在期望和讚美的角度而已。

比如，一個女人始終對你冷漠，不經意間你終於看到了她的微笑，那麼就迅速抓住這個機會，送她一個「微笑女王」的美名，相信日後，你看到她笑容的次數會越來越多，而她也會為了這個美好的女王稱呼而對你好感倍增。

在與人相處中，不妨多送一些這樣的美名出去。得到美名的人會內心舒暢、愜意無比，而你僅用一個美好的詞就換取了無限的好感，天底下能有多少如此划算的生意？

讚美對方不易為人知的優點

語言是人與人之間溝通的橋樑，讚賞他人就是走進他人心靈的最好路徑。

特別是對方小的優勢或優點，當你發現了它們，並且用真誠的語言讚揚對方的時候，對方自然會認為你是一個瞭解並信任他的人，自然就拉近了你們之間的距離。

對於那些錦上添花式的讚美，有時候並不能引起對方太大的喜悅。例如對一位已被公認是很漂亮的女孩子說「你真漂亮」，由於她平時已被誇讚慣了，所以這句話很難讓她覺得意外與興奮。反之，如果能找出對方比較不易為人所知的優點，則往往可以使對方感到意外的喜悅。

即使是一無是處之人，也會有一兩處值得讚美的優點。比如一個人或許沒有什麼優點，但是籃球卻打得非常好，或者酒量非常大，這些都可以在言語中加以利用。雖然有的人非常在意自己的這些小優點，也有的人並不在意；但無論他是在意還是在不在意，聽見別人讚美他的優點時，一定會感到很高興。

如果我們每次見面都能被人誇讚，自然而然地會想再見到這位誇讚我們的人，這是任何人都會有的心理。因此，每次見面都找出對方的一個優點來讚美，就可以很快地拉近彼此間的距離。

如果你能多注意他人難以發現的小優點並適宜地給予讚美，對方會覺得你很在意他、欣賞他，同樣也會以友善的態度來對你。因為對於他們身上那些熟知的優點，你再去恭維也不會激起當事人的反應；反之，對於那些微小的細處去稱讚他們往往更容易記在心上。

所以，當我們要讚美一個人的時候，要「聰明」地「別出心裁」地讚美，那麼你在對方心裡就一定有屬於自己的「特殊地位」。

將「好話」放到背後去說

每個人都喜歡聽好話，這幾乎是人類的天性。因為好話中飽含的讚美和誇耀能讓人的榮譽感得到滿足，會讓人產生愉悅和快感，並對說好話者產生親切感，繼而拉近彼此間的心理距離。但說好話需要講究方式方法，多數人認為好話要在背後說才能產生奇效。

為什麼當面說別人好話的效果不及背後說好話的效果？因為人們認為，當面說別人好話恭維或奉承的成分較多，而並不是真心實意的表露。而在背後說一個人的好話通常被認為是真言袒露，所以能引起當事人的重視，讓人家領你的情，並對你產生好感。你不用擔心，你在背後說別人的好話，總會傳到當事人的耳朵裡。

在《紅樓夢》中有這麼一段：

史湘雲、薛寶釵勸賈寶玉做官為宦，賈寶玉感到非常生氣和反感，並當著史湘雲和薛寶釵的面說：「林姑娘從來沒有跟我說過這些混帳話，你們應該向林姑娘好好學習！」

湊巧這時黛玉正來到窗外，無意中聽見賈寶玉說自己的好話，感到非常高興。結果賈寶玉和林黛玉兩人互訴肺腑，感情大增。

在背後說人的好話，能極大地表現你的「胸懷」和「誠摯」，有事半功倍的效用。比如，你誇上司，說他公平，對你的幫助很大，而且從來不搶功。以後，你的上司在「搶功」時會有所顧忌，因為他要對照你對他的評語——從來不搶功。同樣，你在背後說朋友的好話，說他是個很講義氣的人，也會讓朋友在享受讚美的同時，以這個讚美來要求自己。你就會發現，當你找這個朋友幫忙的時候，他很少會拒絕。

試想一下，如果有人告訴你，某某人在背後說了許多許多你的好話，你會不高興嗎？這種讚美，如果是當著你的面說給你聽，或許適得其反，讓你感到很虛偽，認為他不是出於真心。為什麼間接聽來的便覺得特別悅耳動聽呢？那是因為你堅信對方在真心地讚美你。

讚美是一種學問，其中的奧妙無窮，但最有效的讚美則是在第三者面前讚美對方。這會讓當事者認為那是認真的讚美，毫無虛偽，於是真誠接受，對你感激不盡。如果這個人是你的下屬，在深受感動之餘，他會更加努力工作，以報答你的「知遇」之恩；如果這個人是你的上司，在你評價的認可下，他會對你更加信任，也會刮目相看；如果這個人是你的朋友，他會在深受寬慰的同時，認定你是他應該深交的好友，並會努力幫助你。

流言蜚語往往流傳於人們的背後，若你懂得將是非之語替換為讚不絕口的溢美之詞，那麼你的身邊會有更多的歡笑相伴、友情相隨。

提防言過其實的讚美

很多人一定這樣認為：要博人好感就是要多對別人說一些讚美的話，是一件再簡單不過的事了！事實卻未必如此。對於一個嘴甜如蜜的人來說，讚美的對象固然重要，但切不可忘記，自然而誠懇的讚美才更能深入人心，而言過其實的讚美不僅達不到取悅人的目的，很多時候還會讓人覺得厭惡至極。

雖然人都喜歡聽讚美的話，但並非任何讚美都能使對方高興。能引起對方好感的只能是那些基於事實、發自內心的讚美。相反，你若無根無據、虛情假意地讚美別人，他不僅會感到莫名其妙，更會覺得你油嘴滑舌、詭詐虛偽。

例如，當你見到一位其貌不揚的小姐，卻偏要對她說：「你真是美極了。」對方立刻就會認定你所說的是虛偽之極的違心之言。但如果你著眼於她的服飾、談吐、舉止，發現她這些方面的出眾之處並真誠地讚美，她一定會高興地接受。真誠的讚美不但會使被讚美者產生心理上的愉悅，還可以使你經常發現別人的優點，從而使自己對人生持有樂觀、欣賞的態度。

生活中，人人都需要讚美，也喜歡被讚美。隨便讚美一個人或一個集體，並不難；難在真心誠意，貴在確有實效。成功的讚美需遵循以下幾條基本準則：

第一，讚美時儘量避免使用模棱兩可的表述，譬如「還好」「湊合」「還可以」等。含糊的讚揚往往比侮辱性的言辭還要糟糕。這會讓人覺得因有一種憐憫的味道，而感到很不舒服。

第二，一定要明確自己所讚美的事物是否真的存在，不要信口胡說。比如，有一次，一個人對他的朋友誇讚說：「那天你在接受電視採訪時，表現得真是棒極了！」可事實上，那次預定的採訪已經因事取消了。他的稱讚讓朋友覺得很尷尬，也因此給他下了虛偽的定義。所以，你在說出稱讚之前，一定不要靠推測或者想像來妄下結論，以免弄巧成拙。

第三，一定要弄明白你要誇獎的對象。不要掉以輕心，這樣的事經常發生。可以想像，假設你身屬公司A部門，卻時常因為B部門的業績而受到別人讚揚，這時，你一定會因為意識到連一些關係密切的同事都不知道你的身分而備感失落。

第四，不要在某件事顯然已經出錯時還去讚美對方。英國廣播公司的一名節目製作人在一次明顯搞砸的廣播錄音之後對播音員說：「太棒了！這是你第一次嗎？」以至於播音員很難堪。相信在類似這樣的時刻，沉默會更好一些。

第五，避免滔滔不絕。讚賞與阿諛奉承之間的界限並不明顯，小心你滔滔不絕的讚美被對方所誤會。要知道，讚美的話不需太多，但一定要精。

第六，除非你是誠心讚美，否則不要去誇別人。有的人經常因為沒話可說而誇讚比人，認為讚美要比沉默好，其實不然。即使某些時候你非得言不由衷，那至少要看上去是真誠的。

一個善於交際的人，懂得讓對方認為自己是很重要的，因為使自己成為有長處的人是每個人的願望，所以要學會真誠的、發自內心的讚美。

忠言多放「糖」，也可不逆耳

自古有這樣一句話：「良藥苦口利於病，忠言逆耳利於行。」此話雖然有理，然而良藥雖利於病，但因苦口令人難以下嚥；忠言雖利於行，但因逆耳使人一時無法接受。難道忠言就一定是讓人聽起來不舒服嗎？答案是否定的。如今，苦口良藥都已裹上了甜蜜的糖衣，使病人願意服用。你為何不試著給忠言裡多放點「糖」，讓「忠言」不再「逆耳」呢？

打個比方說：假設你是一個團隊的部門經理，在已經知道下屬盡了最大努力但還是把事情辦砸的前提下，儘管沒有對他做太多的指責，但還是忍不住要向他提出諸如「下次再不能重複上次的錯誤了」之類的忠告。即便你指出的問題很有道理，對方也很有可能不買你的賬，大有可能在心裡抱怨：「別站著說話不腰疼，有本事你自己去試試！」顯然，這樣的忠言效果就是失敗的。

但如果換一種思路，你先對下屬說「你已經盡力，事沒辦好我也有責任」之類的安慰話語，然後再與部下一起分析失敗的原因，部下豈會抵觸你的忠言？

由此可見，僅有「為別人好」的善意獻言還不夠，要使獻言變成對方能接受的忠言，獻言者就必須掌握「收放自如」的技巧，適當地把你的苦口婆心和憤怒之情收起來，否則就會收到相反的效果。

從某種意義上來講，忠言順耳更利於行。自古直言進諫者得領導賞識少，被冷落者多。這樣的人總認為自己只要一心為工作，一心為他人就是好的，但是從來都不講究方法，說出來的話由於過於直白而讓人不好接受。於是好心達不到預期的目的，甚至慘遭失敗。

商朝比干是大家都公認的忠臣，他因為不滿紂王無道，冒著滅族的危險，多次向紂王進諫。

紂王被比干批評得無言以對，惱羞成怒地問他：「你為什麼這樣堅持？」

比干說：「君有諍臣，父有諍子，士有諍友，下官身為大臣，進退自有尚盡之大義！」

紂王又問：「何為大義？」

比干答道：「夏桀不行仁政，失了天下，我王也學此無道之君，難道不怕丟失了天下嗎？我今日進諫，正是大義所在！」

這番話讓紂王勃然大怒，於是說：「吾聞聖人之心有七竅，信有諸？」說罷，命人將比干的心挖了出來。

比干一片好心，卻被當成了驢肝肺，落得慘死的下場。原因就在於他的忠言太過逆耳了。

縱觀歷史的長河，李世民好幾次都想把魏徵斬首，但每次都因為種種原因沒有殺。而這其中的最主要原因是李世民是個明君，倘若換成周厲王，魏徵即使是不被殺頭也早就被流放了。所以說與其冒著生命危險進逆耳忠言，不如適當地給忠言放點「糖」，讓人曲折接受。既然是忠言，就要起到忠言的作用。順耳總比逆耳中聽一些，也有利於忠言的實現。

忠言作為真誠幫助他人的一種形式，它的初衷肯定是善意的。既然是善意的，獻言者就應想方設法把話說得讓人容易接受。我們是為了達到目的，而並不是一定要直說才是「忠言」。如果你能加點「糖」，那麼別人受勸者更容易接受，何樂而不為呢？

有時候受勸者頭疼的不是你提出的「忠言」，而是你「忠言」的提出方式。所以，試著給「忠言」加點糖，彼此都會滿意，何苦一定要去打破對方的面子呢？

一個能與任何人和睦相處的人，才是十分優秀的。看一看那些有所成就的人，幾乎每一個人都具有能與任何人融洽相處的優點。要做到這一點，就要知道「良藥未必全苦口，爽耳忠言更利行」。好的動機，再加上美妙的語言，才能在最大限度地達到目的的同時，得到聽的人的尊重和喜愛。

其實，一般來說，人們都能接受正確的批評。不能接受的只是批評的方式和方法。所以，在進「忠言」時不僅要根據環境、對象的不同，且要根據不同個性而採取不同的方式，使之能夠接受和樂於接受。只要能夠因人而異地進行「對號入座」式的「進言」，然後在言語裡多放些糖，就能使「忠言」不「逆耳」。

讓批評有點甜味——保護對方的自尊心

人難免因一時糊塗做一些不適當、錯誤的事。遇到這種情況，就需要把握住指責別人的分寸：既要指出對方的錯誤，又要保護好對方的面子。這種情況下，如果分寸把握得不適當，就會使對方難堪，破壞交往的氣氛和基礎，並因此而帶來一連串嚴重的後果；或者讓對方佔便宜的願望得逞，給己方造成不必要的損失。所以，怎樣把握分寸將體現一個人說話方式的好壞。

你希望別人怎樣待你，你就怎樣待人。苛責人，難為人，不饒人，會立時激化矛盾，讓雙方都站在不能逾越、不能通融的死結上，只有魚死網破。其實，如果我們把對別人的責備換成一句理解和寬慰的話，那麼得到的結果就會截然不同。很多時候，話沒有必要一定要說破。委婉含蓄地表達，不僅讓人接受，更能深入人心。話說在明處，意藏在暗處，猶如春風襲人，人人都愛聽。

委婉式批評也稱間接批評。一般採用間接的方法，聲東擊西，讓被批評者有一個思考的餘地，其特點是不傷被批評者的自尊心。當發現不良苗頭，由於某種原因又不便正面對責任者提出批評時，便可通過「點事不點人」或「點單位而不點名」的方式提出警告。這樣就可以既點出問題，令對方受到震動，又維護對方的面子，給他們改正的機會。

說話給人留面子，把話說得滴水不漏是一種語言技巧，說來容易，但要想熟諳此道，卻也是需要大家不斷摸索、繼續提高的。

要知道，每個人都渴望被理解，尤其是對犯了錯的人。如果他已經認識到了自己的錯誤，你仍然得理不饒人，那麼也許就會使他原來的負罪感轉化為對你的不滿，甚至破罐破摔。而如果你把對他的責備換成一句寬慰理解的話，那麼他一定會化自責為奮進的力量。

斯坦丁是美國著名的試飛駕駛員，他在空中表演的特技，令人嘆為觀止。一次，他從聖地牙哥表演完畢，準備飛回洛杉磯。可是，在距地面九十多米高的空中，兩個引擎同時失靈，幸虧他反應靈敏，技術高超，飛機才奇蹟般地著陸。

斯坦丁緊急著陸之後，第一件事就是檢查飛機用油。正如他所預料的，他駕駛的那架螺旋槳飛機，裝的卻是噴氣機用油。

斯坦丁立即找到了那位負責保養的機械工。年輕的機械工一見斯坦丁，嚇得直哭，因為他的過失險些送了三個人的性命。然而，這時斯坦丁不僅沒有對著機械工大發雷霆，反而伸出手臂，抱住維修工的肩膀，寬慰他說：「為了證明你能幹得好，我想請你明天幫我的Ｆ系列戰鬥機做維修工作。」

從此，斯坦丁的Ｆ系列戰鬥機再也沒出過差錯，那位馬馬虎虎的維修工也變得兢兢業業，一絲不苟。

會說話的人深深懂得有過失的人的心理，往往能在別人出現過失時，出人意料地說出寬慰別人、溫暖別人的話，使有過失的人恢復自信和自尊。這樣做的效果，是一萬句責備的話也抵不上的。

所以，即使是指責別人，也應該是點到即止，只要能指出問題的所在，就不要過分的嚴厲。言辭苛刻總是最扎人心的，到時候得罪了人還達不到批評的目的，豈不是後悔不已。要學著在你的批評裡加點含蓄和鼓勵的甜味，在充分保護對方自尊的基礎上達到最好的效果。

永遠別直接說「你錯了」

發現別人犯了錯，不會說話的人會毫無顧忌地說：「你錯了。」而聰明人則懂得給人留面子，懂得批評的目的是為了讓別人認識並改正自己的錯誤，而不是要制伏別人或把別人一棍子打死，更不是為拿別人出氣或顯示自己的威風。

二十世紀三〇年代，美國經濟危機期間，約翰的家像許多家庭一樣陷入了貧困之中。約翰是家中最小的孩子，他的衣服和鞋都是哥哥姐姐們穿小了的，傳到他這裡，已經破爛不堪。

一天早上，他的媽媽遞給他一雙女士鞋。他雖然感到很委屈，但是他知道家裡確實沒有錢給他買新的鞋子。

快走到學校的時候，他低著頭，生怕遇到自己的同學，笑話自己。突然，他的胳膊被一個同學抓住了，只聽對方大聲喊道：「哎，快來看吶！約翰穿的是女孩子的鞋！」

約翰的臉刷一下就紅了，他感到既憤怒，又委屈。

就在這時，瑪麗老師來了，大家才一哄而散，約翰也乘機回了教室。

上午是瑪麗老師的課，她問大家想不想聽有關牛仔的生活和印第安人的故事，大家都說想聽。於是，瑪麗老師給大家講起了有關牛仔的生活和印第安人的故事，大家聽得津津有味。

瑪麗老師有個習慣，就是邊走邊講。當她走到約翰的座位旁邊，突然，她停了下來。約翰發現她正在目不轉睛地注視著自己的那雙鞋，他一下子又感到無地自容。

「牛仔鞋！」瑪麗老師驚奇地叫道：「哎呀！約翰，這雙鞋你究竟是從哪裡弄到的？」

他的話音剛落，同學們立刻蜂擁了過來，同學們排著隊，紛紛要求穿一穿他的「牛仔鞋」，先前嘲笑他最厲害的那位同學紅著臉低下了頭。

瑪麗老師沒有直接對嘲笑約翰的那位同學說：「你錯了。」因為那樣會讓約翰更沒面子，她採取了一個特殊的方式，既達到了教育目的，也保全了約翰的面子。

相比較直白的責備，旁敲側擊的提醒要好得多。

一、啟發式指錯

我們批評別人，是針對他的錯誤而言的。要幫助對方改正錯誤，關鍵還在於「內因」。而批評者的「外因」只能起到一定的輔助作用，要讓對方從根本上改正錯誤還要靠自己的「內因」。所以，高明的指錯者總是逐漸「敲醒」對方，啟發他進行自我糾錯。比如「你回答得很好，如果能再舉個例子說明一下就更精彩了」！

二、迂迴式指錯

作家班奇利在一篇文章裡謙虛地談到，他花了十五年時間才發現自己沒有寫作的才能。結果，一位讀者來信對他說：「你現在改行還來得及。」

班奇利回信說：「親愛的，來不及了，因為我已無法放棄寫作，我太有名了。」

這封信後來被刊登在報紙上，人們為之笑了很長時間。

事實上，班奇利的作品聞名遐邇，但他沒有直接指責那位讀者，而是以令人愉悅的、迂迴的方式回答了問題，既保護了讀者的自尊心，也保護了自己的名譽。

三、幽默式指錯

幽默式指錯是以不太刺激的方式點到被批評者的要害之處，含而不露，以緩解被糾正者的緊張情緒，啟發被批評者的思考，增進相互間的感情交流，讓糾正不僅能達到教育對方的目的，也能創造一個輕鬆愉快的氣氛。

有位女作家應邀到某校演講，時間安排在下午的第一節課，還沒開始講，她就發現已經有同學在打瞌睡了。她拍拍桌子，大聲說：「在這個悶熱的午後，各位要聽我這個老太婆說話，一定很想打瞌睡，不過沒關係，各位可以安心地睡。但有兩個原則，一是姿勢要優雅，不能趴在桌子上；二是不准打呼，以免干擾他人。」說完，全堂哄然大笑，沒有一個人再打瞌睡。

四、間接式指錯

馮玉祥向來提倡廉潔簡樸。他在開封時，不准部下穿綢緞衣服。一次，馮玉祥看到一個士兵穿著一雙緞鞋，連忙上前深深地作了一個揖，把士兵弄得莫名其妙，呆若木雞。

最後，馮玉祥告訴他說：「我並不是給你行禮，只因為你的鞋子太漂亮了，我不敢不低頭下拜哩！」

那個士兵嚇得魂飛魄散，連忙脫下新鞋，赤著腳跑回去了。

這就是用借彼喻此的間接式批評方法聲東擊西，讓被糾錯者有一個思考餘地。含蓄蘊藉，才不會傷到犯錯人的自尊心。

不論我們用什麼方式說「你錯了」，不論是一句話，一個眼神，一個手勢，只要讓他聽出或看出「你錯了」的意思，他就絕不會有好臉色給你。因為你直接打擊了他的智慧、判斷力、榮耀和自尊心。只會使他想反擊，但決不會使他改變心意。所以我們要學會委婉地讓他人意識到自己的錯誤，即認同他做對的或好的方面，使他覺察到錯誤的部分。

批評人時應加入適當的讚美

人們的愛好不一：有人喜歡先苦後甜，有人喜歡後甜先苦。當我們聽到別人對我們的某些長處表示讚賞之後，再聽到他的批評，心裡往往會好受得多，如果在批評之後再接上一段讚賞，那麼效果無疑會更棒。

想要批評人時，咬住舌頭；想要讚美人時，高聲表達。當我們學會讚美敵人時，敵人於是成為我們的朋友；當我們鼓勵朋友時，朋友就成為我們的手足。當今歐美一些企業家還主張使用「三明治」批評方法，即在批評別人時，先找出對方的長處讚美一番，然後再提出批評，而且力圖使談話在友好的氣氛中結束，同時再使用一些讚揚的詞語。

這種兩頭讚揚、中間批評的方式，很像三明治這種中間夾餡的食品，故以此為名。用這種方式處理問題，不會使對方感到難堪，從而減少了因憤怒而引起的衝突。這種方法在很多情況下都是比較有效的，其優點就在於批評者總是提到對方的長處，起到了替對方辯護的作用。

麥金利在一八九六年競選美國總統時，也曾採用過這種方法。

那時，共和黨有一位重要人物替麥金利寫了一篇競選演說。他自以為寫得高明，便大聲地念給麥金利聽，語調鏗鏘，聲情並茂。

可是，麥金利聽後，卻覺得有些觀點並不是很妥當，非常容易引起批評的風暴。但是，麥金利把這件事處理得十分巧妙。他說：「我的朋友，這是一篇精彩而有力的演說。我感到非常滿意。在許多場合中，這些話都可以說是完全正確的。不過用在目前這種特殊的場合，是不是也很合適呢？請你根據我的提示再寫一篇演說稿吧，然後送給我一份副本，怎麼樣？」

那個重要的人物點頭照辦了。

很多領導都認為，先讚揚再批評，有一種操縱人的意味，用意太明顯，所以很多人並不喜歡用。這種說法也有一定道理，因為當你找到某人表揚他時，他根本聽不進你的表揚，他只是想知道，另一棒會在什麼時候打下來——表揚之後有什麼壞消息降臨。

所以，在更多的時候，許多聰明的領導會把表揚放在批評之後，當我們用表揚結束批評時，人們考慮的更多的將是自己的行為，而不是你的態度。在批評結束時對下屬表示鼓勵，讓他把對這次批評的回憶當成是促使他努力的動力。此外，還應該讓對方知道，雖然他屢次在某件事上處理不當，然而你仍然很看重他。

可見，在批評他人時，為了讓對方感覺到你對他是尊重的，適度的讚美和工作上的認同是必要的，否則光是針對對方的某項缺失提出批評，容易讓對方感到你是刻意地針對他，他會認為他不受尊重，因而憤憤不平。

想要他怎麼做，就把他標榜成什麼樣的人

卡內基說過：你希望對方怎麼做，就要先把他標榜成什麼樣的人。而如何把這一想法變成行動，正是評判一個人是否可以稱其為「說話高手」的一個重要標準。

這一準則，首先表現在對於人的恭維上。恭維是用來成人成己的重要手段，恭維是用來協調人際關係的必殺技。巧妙的恭維可以表達自己對別人的尊重，增進瞭解和友誼，而且能為辦事提供很大的方便。

會說話的人在恭維別人的時候，要不遺餘力，要敢於把對方標榜為能力上的「超人」，這樣，你託付的事他如果辦不到，恐怕他自己也會覺得過意不去。

如果一個人在另一個人的眼中無所不能，相求辦事時會有什麼樣的效果呢？

義大利的地產大亨比埃爾要在市中心修建一座摩天大樓，但在籌建資金上至少還缺五百萬美元。為此比埃爾出入多家銀行，但都沒有貸到這筆鉅款。

無奈之下，比埃爾只得先開工建樓，直到所剩的錢僅夠再造一層樓的時候，比埃爾約一家銀行的主管一起吃飯，求他幫忙，但銀行主管對比埃爾說：「吃飯的時候談生意不是很方便，明天到我的辦公室來，咱們再細談吧。」

為此，比埃爾斷定這家銀行是很有希望給他抵押貸款的，第二天比埃爾來到銀行主管的辦公室說：「好極了，相信應該不存在什麼問題，今天我就要拿到貸款了。」

銀行主管聽後笑笑說：「你一定在開玩笑，我們從來沒有一天之內就能拿到貸款的先例。」

比埃爾把椅子拉近他說：「你是這個部門的主管。也許你應該試試看你有沒有足夠的權力在一天之內把這件事辦妥。」

對方微笑著說：「你這是給我出難題，不過，還是讓我試試看。」

通過這個銀行主管和比埃爾的共同努力，本來他們以為辦不到的事終於辦到了，比埃爾也在自己預定的時間內拿到了這筆貸款。

因為比埃爾對主管的相信，使主管主動去嘗試了，從而成功。如果只是比埃爾自己的勸導，那麼銀行主管絕不會去主動嘗試。

人生也經常出現這樣的情況：當一個人對某件事猶豫不決的時候，你的鼓勵或者勸導往往會增加他心中的砝碼。甚至，你也可以把對方美化成道德上的「完人」。

這種事例在日常生活中還很多很多，也許當事人自己都沒有感覺到什麼特殊之處，但又確實達到了辦事的目的。這時，人的自尊、名聲、榮譽、能力等，都可以成為你獲得好感和達到目的的武器。

第六天　言之有別

——話隨人變，到什麼山頭唱什麼歌

人與人的心理特點，性格秉性、語言習慣各不相同，以及不同的社會關係也決定了他們對語言資訊的要求是不同的，所以。不能用統一、通用的標準語的說話方式來交流。見什麼人說什麼話，因人而異是非常必要的。

燒香要拜對菩薩，說話要看清對象

說話的成功與失敗，誠然與你的說話技術有關，而是否得其人、其時，與你說話的成敗也有很大的關係。誠如兵法所說：知己知彼、百戰不殆。在交際中遇到不同的人也要說不同的話，以便適合對方的心理，從而贏得對方的好感。

跟人說話，先要明白對方的個性。對方喜歡婉轉，應該說含蓄的話；對方喜歡率直，應該說急切的話；對方崇尚學問，就說高深的話；對方喜談瑣事，就說淺顯的話。說話方式能與對方個性相符，自然能一拍即合。對一個哲學家，不能講各個產品的生產過程、生產工藝和產品結構；對一個工人，不能講哲學的不同流派、特點和功能。這就叫「到什麼山唱什麼歌」、「見什麼人說什麼話」。

《紅樓夢》裡林黛玉拋父進京城，小心翼翼初登榮國府的時候，王熙鳳的幾段話就展現了她「會說話」的超凡才能。先是人未到話先到：「我來遲了，不曾迎接遠客！」尚未出場，就給人以熱情似火的感覺。

隨後拉過黛玉的手，上下細細打量了一回，仍送至賈母身邊坐下，笑著說：「天下竟有這樣標緻的人物，我今兒算見了！況且這通身的氣派，竟不像老祖宗的外孫女兒，竟是個嫡親的孫女兒，怨不得老祖宗天天口頭心頭一時不忘，只可憐我這妹妹這樣命苦，怎麼姑媽偏就去世了！」一席話，既讓老祖宗悲中含喜，心裡舒坦，又叫林妹妹情動於衷，感激涕零。

而當賈母半嗔半怪說不該再讓她傷心時，王熙鳳話頭一轉，又說：「正是呢！我一見了妹妹，一心都在她身上了，又是喜歡，又是傷心，竟忘了老祖宗。該打，該打！」至此，她把初次見到林妹妹應有的悲喜愛憐的情緒，抒發表演得淋漓盡致。

在社交中，我們也常常碰到心理特徵、脾氣秉性、語言習慣及職業年齡等各不相同的人。怎樣才能打開對方的話匣子，增進相互之間的瞭解，怎樣才能與對方一見如故，一拍即合呢？這就需要根據對方的個性與心理，運用不同的談話技巧了。

兩千多年前，孔子就注意針對學生的不同性格來回答他的問題。

有一次，孔子的學生仲由問：「聽到了，就可以去做嗎？」

孔子回答說：「不能。」

另一個學生冉求也問同樣的問題：「聽到了，就可以去做嗎？」

孔子的回答是：「那當然，去幹吧！」

公西華聽了，對於孔子的回答感到有些疑惑，就問孔子說：「這兩個人問題相同，而你的回答卻相反。我有點糊塗，想來請教。」

孔子答：「求也退，故進之；由也兼人，故退之。」

孔子的意思是，冉求平時做事好退縮，所以我就給他壯膽；仲由好勝，膽大勇為，所以我要勸阻他做事要三思而行。

可見，孔子誨人不是千篇一律，而是因人而異，因材施教，特別注意學生的性格特徵，因此能夠使學生聽進自己的話。我們在說話時，也應該注意這樣「話隨人變」的技巧。

一、與不喜歡被反駁的人說話應贊成到底

許多人在表達自己的意見時，如果聽者十分熱心地聽，便會非常起勁而更加投入；如果聽者聽到一半時，提出相反的意見，便會因不高興而喪失說話的興趣。如果你與這種類型的人交談，您應不提出任何異議而贊成到底，使他心情愉快地講完。

例如：對方與其上司或同事意見不合而堅持己見時，這種情況下你要對他表示贊成：「我覺得你的意見絕對正確，我如果站在你的立場，想法也會和您完全一樣。」如果時而聽到他極端的或反道德的想法時，也要以「您說的不無道理」之類的話附和，積極接受對方的意見。絕對不要提出「您的想法錯了」或「我還有另一個辦法」等反對的意見或忠告。對任何意見都表示一致、贊同，對方便會認定自己所說的全是對的，而一直心情愉快地敞開心胸說話，無意中必定會洩露出您想聽到的話。

二、同性格內向的人談話應注意循循善誘

性格外向的人易於「喜形於色」，性格內向的人多半「沉默寡言」。同性

格外向的人談話，你可以侃侃而談；而對於性格內向的人來說，你的侃侃而談往往會起到相反的作用。因為性格內向的人一般都不善言辭，所以與他們說話我們要細心，多從他們的嘴裡套話，循循善誘，從而找到他們的突破點。

射箭要看靶子，彈琴要看聽眾。所以在說話時，我們一定要注意自己的交際對象，根據對方的身分、職業、經歷、文化教養、思想、性格、處境和心情等，針對不同對象的不同情況，採取不同的策略，用不同的言語表達，如此才能收到更好的效果。

與成功人士說話，「憶往事」是最理想話題

成功人士的富有往往是別人與他談話發生困難的關鍵所在，他的財富可能使你對他敬而遠之，覺得自己和他之間不管是在心理上還是在生活方式上，都存在著很大的距離。他和你之間的話題，也因你對他缺乏瞭解，甚至完全無知，而變得很有限。

在這種時候你可能會認為，你和他之間沒有談話的餘地了。你當然可以這樣使自己獲得心理上的平衡，不能談就不談，反正於己也無損失。不過，假定你偏巧遇上了這樣一位成功人士，不管他是不是你的老闆，你不知所措地呆站一旁，總是不好受的。而且，因為沒有話題，而回避交流，會讓你丟失不少成功和成長的機遇。

當你遇到成功人士時，你可以設法讓他說往事。過去的工作是否比現在更有趣？他爬到現在這個地位的關鍵是什麼？誰是早年助他成功的英雄？當年的老闆是否使他緊張？他的百萬財富是不是他自己創造的？以及他怎樣賺到他的「第一桶金」等問題。

商人把他的時間和金錢都投資在他的事業之中，並與其他的同行競爭，如果他們能在生活中遇見一位可以和他們交換意見而沒有敵意的人，他們是會覺得幸福和快慰的，如果你能發現他可引為尊榮的地方，或者你覺得他對你來說非常有價值，那麼，他在你的眼中就會開花結果，你們將能締結有建設性的友誼。

男人面子要給足，不妨適時「捧」他一下

人人都有虛榮心，都好面子，其中男人尤甚。常聽人說「男人靠捧，女人靠哄」，這句話一點不假。男人總是好面子的，女人想獲得男人的寵愛，不僅要關心他，照顧他，更要尊重他，維護他的面子。

女人在沒有結婚前，看男人身上都是優點。可是一旦結了婚，慢慢地就發現男人身上有太多的毛病，然後就進行指責，就有了不滿和爭吵。曾經浪漫甜蜜的愛情就在平淡乏味的日子裡被磨蝕，回憶起男人以前對自己的寵愛，女人不禁黯然神傷。

其實，婚姻都是平淡的，男人也總是容易厭倦的。一些女人身懷絕技，這門絕技可以讓男人心甘情願地愛她、寵她，這門絕技就是「捧功」。聰明的女人會用自己的「捧功」來不斷地調節男人的情緒，讓他對自己和生活都時刻保持激情。

任何時候，妻子的誇獎都是對丈夫最好的激勵。人人都喜歡被人稱讚時那種滿足感、欣慰感和幸福感，這樣的感覺讓人快樂，讓人充滿動力。作為妻子，給丈夫哪怕是一束讚許的目光、一個會心的微笑、一句簡單的褒獎，都能讓他們心生無限的自豪和喜悅。學會「捧」丈夫不僅是生活的蜜糖，更是婚姻關係的黏合劑。

當然，這裡的「捧」是需要一定技巧的，首先要記住，「捧」男人不是一味地恭維，否則是難以收到奇效的。捧男人，就要捧他的最得意之處，假如你身邊的男人有一技之長，並以此為耀，那麼女人最聰明的戰術就是抓住這一點捧他，就像撓的正好是癢處，效果自不必說。

捧男人，不僅是拉近距離、加深愛意的有效武器，而且在對男人提出批評和忠告時，也是一種最為高明的無痛療法。

很多男人的內心裡有一個鐵的原則：頭可斷，血可流，面子絕對不能丟。女人對男人的「捧」不僅滿足了男人的虛榮心，維護了男人的面子，同時也在不斷地給男人輸送能量，讓他更加愛你！

尊敬，是與長輩談話的前提

在生活中，有一句大家耳熟能詳的俗語：「不聽老人言，吃虧在眼前。」這就從一方面證明了人們對老年人智慧和經驗的肯定。所以與老年人交談時，一定要抱著十分尊敬的態度。因為他們的言語往往能給我們許多人生的體驗和啟示。而他們的智慧，通常都是在與之談話中體會得到的。

但是，隨著現代生活的節奏越來越快，很多年輕人都不願意和老年人交談，甚至和中年人交談都不多了。他們或者埋怨老人說話說教又囉唆，或者認為他們所說的話題跟不上潮流，或者認為他們思想保守，殊不知他們錯過了分享老人智慧和經驗的大好時機。

秦晉之戰時，戰前，秦穆公向秦國一個叫蹇叔的老人諮詢情況。蹇叔說：「勞動軍隊去襲擊遠方的國家恐怕不行，軍隊遠征，士卒疲憊，敵國再有所防備，就很難取勝。我看還是不要去了。」

然而，秦穆公並沒有聽從蹇叔的勸誡，決定出師東征。

蹇叔得知秦穆公一意孤行的決定，便哭著對主帥孟明說：「孟明啊，我看到軍隊出征，恐怕看不到你們班師回國了。」

秦穆公為此感到非常生氣，對蹇叔說：「你知道什麼，我看你早該死了。」

然而，戰爭的發展果然應驗了蹇叔的話，晉軍在崤擊敗了秦軍。秦穆公後悔當初沒聽蹇叔的話，但也悔之晚矣。

生活中也是如此，我們不妨回想一下，現在的人在做人生的決定時，有沒有去詢問過長輩的意見？有沒有把自己的情況跟長輩講清楚，減少父母的擔憂。是否也因為沒有尊敬長輩的勸誡和建議而付出過代價？

所以，為了避免這樣的損失，在長輩教訓我們的時候，我們要恭恭敬敬地聆聽，絕對不能一言九「頂」。假如長輩在訓斥一個人的時候，講了十件事，其中只有兩件事是真的，八件事是他誤會你了，你要不要馬上就把他頂回去？

他們正是氣頭上，這個時候你只要說「是」，可能長輩本來火氣很大，慢慢就消下去了。等他罵完，他的情緒已經平和許多，突然又想想，覺得自己罵過頭了，他可能就會很主動地打圓場。這個時候你也要很自然地走過來，當作若無其事，順勢而為。

而且，很多時候，即使是自己處於好心關心老人，也一定要注意方式和語氣，不能什麼事情都由著自己的性子來。否則，也會傷害到老人。

不少人有這樣的感覺，很多時候，並不是自己不願意與老人交談，而是覺得沒有話題或者談不到一起。特別是對於比自己年長三十歲以上的人，一般人是很難跟其談得來的。

三十年是一段很長的時間，生活方式、興趣愛好、教育程度、社會風俗以及思想觀念都發生了劇烈的變化。各方面的距離都那麼遠的人，實在很難有共同志趣。在這種情況下，同情和瞭解可以產生良好的融合作用。老年人多半喜歡追憶往事。如果你能引導他談談自己的過去，不但對他是一件很快樂的事，對你又何嘗不是一個難得的機會？能夠聽到一個人親口告訴你三十年前或是五十年前的事情，這是十分難得的。

經過時間的洗禮和歲月的流逝，那些仍然深刻地留在老人們心中的，多半是一些印象深刻而生動有趣的故事。有些老年人生命力還相當旺盛，仍然關心著現在的社會，對報紙上的新聞仍然產生著濃厚的興趣。那麼，最好是讓他們把現在的事情和過去作個比較。這不但是他們最喜歡的，同時也是年輕人最感興趣的。

總之，最好能讓老人多開口講一些事情，這對於緩解他們的孤單、撫慰他們的內心、激發他們的激情以及帶給他們歡愉都有很大的幫助。

上司面前，說話不妨守點「拙」

老子說過一句話：「不自見，故明；不自是，故彰；不自伐，故有功；不自矜，故長。」作為一個有才華的人，在領導面前要做到不露鋒芒，既能有效地保護自我，又能充分發揮自己的才華。如果你狂妄自大，說話咄咄逼人，勢必會遭領導忌恨。

真正聰明的人，從來都是低調內斂的，他們從不自恃有才而驕傲自大，目中無人。俗話說：「人心隔肚皮，虎心隔毛衣。」在人生的競技場上，如果你真有才華，也千萬別顯示你比別人聰明，尤其當對方是你的上司的時候，你更不能讓自己在任何一個方面超過他。這就是中國人常說的「守拙」，是一種掩飾自己、保護自己、積蓄力量、等候時機的人生韜略。

龔遂是漢宣帝時代一名循良能幹的大臣。當時渤海一代災害連年，百姓生活疾苦，終於不堪忍受饑餓，紛紛聚眾造反，當地官員鎮壓無效，對此感到束手無策，不得已之下，宣帝只能派年已七十餘歲的龔遂去任渤海太守。

龔遂到任後，先安撫了百姓一番，然後鼓勵農民墾田種桑，規定農家每戶種一株榆樹、一百棵茭白、五十棵蔥、一畦韭菜，養兩口母豬、五隻雞，對於那些依然心存戒備、整天都持刀帶劍的人，他勸說道：「幹嘛不把劍賣了去買頭牛？」

經過龔遂幾年盡心的治理，渤海一帶終於社會安定，百姓安居樂業，溫飽有餘，龔遂也為此而聲名大振，於是，漢宣帝召他還朝。

他有一個屬吏王先生，請求同他一起回到長安區，並說：「我會對你有好處的！」其他屬吏卻不同意，說他會壞事：「這個人，一天到晚喝得醉醺醺的，又好說大話，還是別帶他去為好！」但龔遂還是帶他一起回到了長安。

到了長安後，這位王先生依舊每日都沉溺在醉鄉之中，也不見龔遂。一天，當他聽說皇帝要召見龔遂時，便對看門人說：「去將我的主人叫到我的住處來，我有話要對他說！」

儘管王先生整天一副醉漢的嘴臉，龔遂也不計較，真的趕往了王先生的住處。

王先生問：「天子如果問大人如何治理渤海，大人當如何回答？」

龔遂答道：「我就說任用賢材，使人各盡其能，嚴格執法，賞罰分明。」

王先生聽罷，連連擺頭道：「不好，不好！這麼說豈不是自誇其功嗎？請大人這麼回答：『這不是小臣的功勞，而是被天子的神靈威武所感化！』」

龔遂接受了他的建議，按他的話回答了漢宣帝，宣帝果然十分高興，便將龔遂留在身邊，任以顯要而又輕閒的官職。

龔遂正是因為在屬吏王先生的建議下，將功績歸於了漢宣帝，才讓自己的晚年更加有了著落。試想，如果他把一切功勞都歸結在自己身上，顯示自己的聰明才智，怕是情況就不會如此了。

中國一句成語叫做「鋒芒畢露」。「鋒芒」本意是刀劍的尖端，後人將之比做一個人的聰明才幹。人生需要鋒芒，如果一味地甘做陪襯，不思進取只能一事無成，所以有鋒芒是好事，是事業成功的基礎。在為事業打拼的時候既有必要，也是應當。但是物極必反，在某些時候，鋒芒也是雙刃劍，可以刺傷別人，也會刺傷自己，所以運用時要小心翼翼。要記住過分外露自己的聰明才華，很多時候是會導致自己的失敗的。

如果你認為自己有功就忘了你的上司，很容易招惹上司的嫉恨，這可是非常不利於自己發展的。但若你能摸清上司都喜歡被人誇耀的心理，學會在上司面前守點「拙」，結果就大不一樣了。

《三國演義》中，楊修自以為學富五車，才智出眾，因而恃才傲物，身為曹操營中的謀士，卻根本不把曹操放在眼裡，常常口出狂言，做事也經常自作主張。楊修的行為讓曹操大為惱火，終於找了個機會砍了楊修的腦袋。

作臣下的，最忌諱自伐其功，自矜其能。凡是這種人，十有九個要遭到猜忌而沒有好下場。當年劉邦曾經問韓信：「你看我能帶多少兵？」韓信說：「陛下帶兵最多也不能超過十萬。」劉邦又問：「那麼你呢？」韓信說：「我是多多益善。」這樣的回答，劉邦怎麼能不耿耿於懷！

在我們生活的周圍，君不如臣、將不如卒的現象屢見不鮮，而明臣被昏君壓抑、扼殺的情況同樣隨眼可見。如果你是一位聰明的下屬，卻遇到一位無能的領導，或領導一時為一葉障目，這時你該怎麼辦？

首先你要知道的是，再無能的領導也是有好勝心的，也是要面子的。有的君王即使並不是一個雄才之主，但也喜好虛榮，愛聽奉承話，這是人類天性的弱點。有功歸上，正是迎合這一點，因此是討好上司、固寵求榮屢試不爽的法寶。所以，在領導面前，你最好不要表露出「我比你聰明」的意思，要在謙虛的請教中表達你的意見，這才是你最好的選擇。

學會「守拙」這是一種做人的韜略，特別是當你發現自己的才能的確在別人之上，並且這個人不是別人，而是你的上司的時候，使用這一策略尤其重要。如果你表現得比他聰明，就等於否定了他的智慧和判斷力，打擊了他的自尊心。所以，當你完全有能力贏了上司的時候，也要守拙，在一些關鍵時刻給領導爭面子，給領導錦上添花，多增光彩，這樣才能讓自己在職場中如魚得水。

身居高位，用人情話籠絡下屬的心

所謂的「人情話」並不全是虛情假意的閒扯，也並不是隨意就能說的出來的，而是需要一種寬闊的胸襟和做大事的氣度。特別是從領導嘴裡說出的人情話，可是溫暖和俘獲人心的好工具。

相信大家都對《三國演義》中劉備摔孩子那一段情節印象深刻吧。趙雲血戰長阪坡，拼死救出少主劉禪，當劉備從趙雲手中接過孩子後，第一反應就是將其擲於地上，然後說了一句：「為救這孺子，幾損我一員大將。」正是因為這一句感人肺腑的人情話，趙雲泣拜曰：「雲雖肝腦塗地，不能報也。」從此，更加忠心耿耿。

作為領導者，身邊沒有一兩個忠士是不行的。所以，領導們都應該學習一下劉備，多說一些收買人心的人情話來獲得下屬的忠誠，因為只有籠絡住下屬的心，下屬才會盡可能去替你做事。

晚清紅頂商人胡雪巖就是個籠絡下屬的高手。

一日，胡雪巖在外出途中遇到了剛被一家錢莊辭退的李治魚，便邀他來到一家路邊小店一起喝酒。

幾杯酒下肚，胡雪巖問道：「李師兄，到鄉下有什麼好活計？」

李治魚嘆道：「無非就是割麥插秧，笨重農活，只求果腹而已。」

「真可惜了你一身銀錢絕技，卻派不上用場，難道就這樣英雄末路，委屈一生嗎？」胡雪巖遺憾地感嘆道。

李治魚無奈地答道：「被辭之後，惡名在外，沒人雇咱，只好認命啦。」

胡雪巖道：「若有人願請師兄到錢莊主掌檔手，你意下如何？」

李治魚道：「果真如此，便是重生父母，誰又能如此大膽，敢違抗同業大會的意願？」

胡雪巖誠懇地道：「小弟深知師兄為人，願請師兄隨小弟回去操持錢莊。」

李治魚驚喜地問道：「果真如此嗎？」

胡雪巖爽快答道：「小弟一向對師兄極為敬佩，今日願請師兄同去幹一番事業。」

李治魚感激涕零，要給胡雪巖跪謝大恩。胡雪巖忙扶住他說：「自家弟兄，不必如此拘禮，今後務必同舟共濟，共與錢莊大業。」

李治魚道：「雪巖老弟不必多慮，只看咱神算李手段！」

就這樣，胡雪巖將一個人才輕鬆地籠絡到了自己門下，李治魚更是盡心盡力、死心塌地地為其效力了。

無論是誰，都願意在一個富有人情味的團隊裡工作和生活。而一個團隊是否人情味十足，領導者的作風是決定性的因素。身為領導的你是否體恤和關懷下屬，直接決定著這個團隊人性化氛圍的濃度。

作為一個想要得到員工信服和尊敬的領導，就要學會用人情話來籠絡下屬的心。如果一個員工愁眉苦臉，你要問一問他是不是遇到了什麼困難事；假如下屬請假去照料他生病的妻子，那麼當他來上班時，要問問他妻子康復了沒有；如果她經常談起孩子上學的事，那你可以問一下孩子的學校教學水準好不好或者他的成績如何……

千萬別小瞧了這些雞毛蒜皮的關心，因為它是從作為領導的你口中說出的，就會具有很奇特的效力。這會讓你的下屬很長一段時間都覺得溫暖，並記著你的恩德。慢慢地，你就會發現，這幾句不起眼的人情話，已經讓很多下屬都對你服服貼貼了。

同事聊天，把握好「攻」「守」之道

作為同事，大家都是為了實現共同目標，處於同一職業群體，從事共同工作的人。工作中，與同事同心協力，就更容易獲得事業的成功，因此與同事說話要講究技巧，以維持彼此良好的人際關係。

但是，職場中，爭吵會不時發生，甚至發生在平時關係比較好的同事之間，大部分原因都是因為說話不講究藝術，讓對方誤解，以致造成同事間的隔閡。要想與同事達成默契的交流，最好的辦法就是要把握好「攻」「守」之道。

一、「攻」的方法

所謂的「攻」，就是你主動地與同事交流。那麼，在這樣的狀態下，如何溝通才比較恰當呢？

首先，注意對方的年齡。

根據年齡的不同來進行不同形式的溝通，是非常重要的。對年長的同事，最好謙虛些。與這樣的同事交談，不要嘲笑其老生常談，而應保持尊重的態度。即使對方的觀點在自己看來不正確，也要先耐心傾聽，而後提出自己的建議。

對於年齡相仿的同事，態度可以隨便一些，但也不要無所顧忌地出言不遜；在與年齡相仿的異性開玩笑時，更要注意不能亂講或者態度曖昧，以免引起不必要的誤會。

而對於比自己年幼的同事，則應保持慎重、深沉的態度。年齡較小的同事思想可能比較冒進，或知識經驗不足，你如果隨聲附和，會降低自己的身分。但也不要誇誇其談、以老賣老，否則會降低對方對你的信任與尊重。

其次，注意對方的性別特徵。

對於不同性別的同事，交談方式也應有差異。

男人對於同性別的同事之間談話可適當隨便些，開個小玩笑也無妨，但面對於異性同事，談話就要小心了。比如不能稱呼豐滿的女同事為「胖子」，否則可能會傷害對方的自尊心。

女性與男同事講話，態度要莊重大方，溫和端莊，不可過於輕佻。很多男同事都喜歡在女同事面前誇誇其談，這時女同事只需當一個聽話者，不要打岔或糾正對方的錯誤。不過，如果對方的談話真的讓你感覺不舒服，可以告訴對方：「對不起，我還有事！」

再次，注意對方的語言習慣。

你的同事很可能來自全國各地，不同的地方有不同的語言習慣。自己認為很合適的語言，在其他不是你同鄉的同事聽來，就可能很刺耳。比如北方稱老年男子為「老先生」是表示尊重，但放在上海嘉定人聽來，就會被當成侮辱；安徽人稱朋友的母親為「老太婆」，是尊敬的意思，而讓浙江人聽起來簡直就是罵人了。

所以，在與同事交談時必須留心對方的忌諱話，否則一不留心說了讓對方忌諱的話，就可能傷害同事間的感情。

復次，注意對方的地位。

與比自己地位高的同事交談，不論他是不是你的上司或領導，都要採取尊敬的態度，但也必須維持自己的獨立思想，不做缺乏主見、唯唯諾諾的應聲蟲。

與地位比自己低的同事交談，不可趾高氣揚，而應儘量表現你的親和力。對於對方的成績，應加以肯定和讚美，但也不要顯得過於親密，以免對方太放縱。也不要滔滔不絕地訓誡，讓對方感到厭煩。

最後，要考慮對方的心情。

注意隨時根據情況和場合調節自己的語言。對方的心情不同，你要有針對性地選擇不同的話題。同事得意時，你應與他談談他得意的事；同事失意時，你應適時地給予安慰，同他談談你自己的失意事。如果對方在為工作忙得焦頭爛額或者正為某事感到焦急時，就不要去找對方閒聊；對方正處於悲痛之中時，你要選擇合適的話題，或者進行適當的安慰。否則你不分場合地擾亂對方，可能會碰來一鼻子灰。

二、「守」的方法

而所謂的「守」，就是對於交談中自己利益的保護和一些禁忌的避免。那麼，怎樣「守」才算守得巧妙呢？

首先，不要與同事談論私事。

無論你是失戀還是熱戀，別把情緒帶到工作中來，更別把故事帶進來。辦公室裡容易聊天，千萬不要只圖一時痛快，就把自己的私事都抖出來。也不要去打探和擺弄別人的隱私，小心引火上身。

另外，同事間談話的私事禁忌，也包括莫論他人是非。職場是個是非之地。不管你是不是捲入了這些是是非非，你都要和這些同事們長期地相處下去，所以最好別讓自己牽扯進去。

其次，用恰當的方式拒絕你的同事。

如果同事要求你伸出援助之手，而你不打算相幫時，你可以打趣地說：「其實這件事很簡單，你一定可以應付自如的，被我的意見左右，反而不妙。」這番話是間接在提醒他：一個成功人士必須獨立、自信。而且這樣也不會危及大家的情誼。

再次，別談論薪水問題。

「同工不同酬」是老闆常用的一種獎優罰劣的手法，但它是把雙刃劍，用不好，就容易引發員工之間的矛盾，而且最終會調轉槍口，矛頭直指老闆，這當然是他所不想見到的，所以他對好打聽薪水的人總是格外防備。

有的人打探別人時喜歡先亮出自己，比如先說「我這月工資……獎金……你呢？」如果他比你錢多，他會假裝同情，心裡卻暗自得意；如果他沒你錢多，他就會心理不平衡了，表面上可能是一臉羨慕，私底下往往不服，這時候你就該小心了。背後做動作的人通常讓你防不勝防。

一是你不要做這樣的人，二是如果你碰上有這樣的同事，最好早做打算。當他把話題往工資上引時，你要儘早打斷他，說公司有紀律不談薪水；如果不幸他語速很快，沒等你攔住就把話都說了，也不要緊，用外交辭令冷處理：「對不起，我不想談這個問題」。有來無回一次，就不會再有下次了。

最後，無須表明你的雄心壯志。

在公司裡，要是你沒事整天念叨「我要當老闆，自己創業」，很容易被上司當成敵人，或被同事看做異己。

你公開自己的進取心，就等於公開向公司裡的同事挑戰。做人要低姿態一點，是自我保護的好方法。你的價值體現在做多少事上，在該表現時表現，不該表現的時候就得韜光養晦，但凡能做大事的人都不是會說大話的人。

在職場上行走，一定要掌握好說話的藝術。工作的交流和閒來無事的調侃可以增進同事間的友誼，但是涉及自己和別人隱私或者利益的問題，就要好好考慮一下了。只有把握好了「攻」和「守」的技巧，才能在同事間行走自然，受人喜愛。

升職後怎樣標榜自己的新身分

古人認為，官場之妙，妙在心機和口舌。所以儘快學會說話，並讓自己的語言深入人心，是你升遷之後無法推掉的日程。

升遷不可「聲」高。當你被提拔之後，原來的上司或許成了你的同事，而原來的同事成了你的下屬，這種變化使得你與他們之間突然有了一種很微妙的距離感。這時你如何說話才能儘快打破這種局面，使他們適應你的新身分呢？

一、對舊同事、新下屬的說話技巧——選準角度，拉攏人心

「以前我們大家是同事，處得非常愉快，現在，我們的關係還和過去一樣是平等的，在工作中希望大家支持我，你們有什麼意見和要求可隨時提出來，有什麼建議和不滿也隨時反映，我一定會盡自己的能力儘快地給予解決。」

總之，不管是原來的同事，還是你的新下屬，都是你日後的左膀右臂。你要明白，升上去的職位和上級直接指派的性質不同，畢竟大家早已是相處多日的同事。所以，你切不可妄自清高，忽略了與同事聯絡情感的言語。

二、對新同仁說話的技巧——多說好話，贏得好感

你千萬不能因為成了領導就盛氣凌人，就覺得可以馬上和別人平起平坐。畢竟大家都比你經驗豐富，太過高調招人厭，這些「老人」們隨便「絆你一腳」，就夠你受的。所以，儘量要表現出謙遜有禮。

三、對新上司的說話技巧——謙虛謹慎，得到信任

除非你有一天成了老闆，要不然你就必須面對你的上司，那麼面對你的新上司時，怎樣說才能贏得上司的心呢？

「謝謝領導對我的信任，我會加倍努力工作的，絕不辜負領導對我的希望，不過，我初到新崗位，許多東西都還不熟悉，還希望領導能多加指點，我有什麼考慮不周的地方，還請領導批評指正。」

沒有一位上司喜歡盛氣凌人的下屬，那樣他會感到他的位置受到威脅，以後你再想升遷可就不那麼容易了。所以，盡可能地謙虛謹慎一些吧，得到了信任，辦起事來才容易得多。

總之，學會了怎樣說話，才能將榮升之後的自己擺放到一個合適的位置上，而不至於惹來麻煩，也為自己日後的發展做好鋪墊，這樣才有可能在事業上芝麻開花——節節高。

對待小人，怒火中燒不如綿裡藏針

輕易地發怒會讓人失態，說氣話也只會讓人蒙羞。我們在與小人較量時，一定要頭腦冷靜，不要被他的三言兩語就給激怒了，那不是有修養的人的所為。要知道公牛就是被鬥牛士的紅布惹怒，貿然出擊，才最終喪命的。

一個有修養的人絕不會像瘋子一樣對待他人，他會冷靜地面對棘手問題。當一個人飛揚跋扈、不可一世時，這個人離失敗也就不遠了。

飛揚跋扈的拿破崙愛發怒是出了名的。一次，在奧地利大使梅特涅面前，拿破崙就因為不夠冷靜，暴露出自己的軟肋，而在外交上敗給了老奸巨猾的梅特涅。

在拿破崙侵俄戰爭失敗後，俄、英、普等國組成反法同盟軍，開始了反攻戰爭。拿破崙雖然仍能取得一些戰役的勝利，但總的趨勢還是每況愈下。而此時，法國的盟國奧地利的態度則變得十分曖昧，一面積極備戰，一面以停止結盟相威脅，向拿破崙提出了種種條件，但拿破崙斷然拒絕了這些條件。

一天，拿破崙在德累斯頓的瑪律哥利宮會見奧地利使者梅特涅。拿破崙腰懸寶劍，腋下挾著帽子，威儀十足地接見梅特涅。他想借此機會威脅梅特涅，並且探聽他最近和俄國沙皇會談的結果。

問候了奧地利弗蘭西斯皇帝，又說了幾句事先想好的客套話後，拿破崙臉色一沉，單刀直入：「原來你們也想打仗，好吧，仗是有你們打的。我已經在包岑打敗了俄國，現在你們希望輪到自己了。你們願意這樣就這樣吧，在維也納相見。」拿破崙越說越火大，「本性難移，經驗教訓對你們毫無作用。我已經三次讓弗蘭西斯皇帝重新登上皇位。我答應永遠和他和平相處。我還娶了他的女兒。當時我對自己說：『你幹的是蠢事。』但到底還是幹了，現在我後悔了。」

梅特涅看到拿破崙已經因為憤怒，而忘掉了自己的尊嚴。於是他愈發冷靜，故意刺激拿破崙這頭好鬥的野牛。他提醒拿破崙說：「和平取決於你，你的勢力必須縮小到合理的限度，不然你就要在今後的鬥爭中垮臺。」

拿破崙被徹底激怒了，聲稱任何同盟都嚇不倒他，不管他們兵力多麼強大，他都能戰勝。接著，他說他對奧地利的軍備有準確的瞭解，每天都收到這方面的詳細情報等。拿破崙甚至激動地說：「你不懂得一個軍人是怎麼想的，像我這樣的人，不太在乎一百萬人的生命。」說完，他把帽子扔到一邊。梅特涅並沒有替他撿起來。

在梅特涅這無言的蔑視下，拿破崙只得繼續說道：「我和一位公主結婚，是想把新的和舊的、中世紀的偏見和我這個世紀的制度融為一體。那是自己騙自己，現在我充分認識到自己的錯誤。也許我的寶座會因此而倒塌，不過，我要使這個世界埋在一片廢墟之中。」

這明顯是一種威脅，但是梅特涅無動於衷。見威嚇不成，拿破崙突然獻媚地問道：「好啦，你知道事情會怎麼樣?你不會對我開戰吧?」

梅特涅馬上答道：「陛下，你完了!你的易怒已經把什麼都給我講清楚了。」

不久，奧地利加入了第六次反法同盟的行列。

一貫以權謀多變著稱的統帥拿破崙不能控制住自己憤怒的情緒，連連失態，說大話、氣話，想借此脅迫梅特涅。但很顯然，在這次外交會面的較量中，勝利者卻是梅特涅，而不是拿破崙。

憤怒容易讓人失去理智，面對小人的時候，一定要儘量避免怒氣衝衝，保持心情平靜。用綿裡藏針的辦法來對付他，讓他在啞口無言中承受致命一擊，顯然要有用得多。

有一次，詩人歌德的作品遭到一位無知的德國批評家的尖銳指責，歌德當然不能示弱，於是也進行了反批評。結果使這位批評家對此耿耿於懷。

一天，歌德在公園裡散步。這條小路很窄，只能通過一個人。恰巧，那位批評家迎面走來。批評家向歌德嚷道：「我向來沒有給傻瓜讓路的習慣。」

歌德不慌不忙地讓到一旁，笑容可掬地說：「而我恰恰相反。」這個無知的批評家像鬥敗的公雞一樣，紅著臉匆匆走了。

無獨有偶。有一天，一位年輕的學者去訪問詩人海因里希•海涅，不知出於什麼心理他想污蔑一下海涅。他明知道海涅是猶太人，便這樣說道：「你知道我為什麼喜歡塔希提島嗎？」

詩人說：「不知道為什麼，你說吧。」

學者說：「在那個島上呀，既沒有猶太人，也沒有驢子！」

海涅十分冷靜地回答說：「不過這種狀態是可以改變的——要是我們一起到塔希提島上去，那時的情形將會怎樣呢？」

這個學者頓時語塞無言，十分尷尬。

聰明人說話綿裡藏針，卻不失風度，更不會讓壞情緒成為自己的致命傷。綿裡藏針往往可以讓人看起來更具有吸引力。

我們應該學會控制自己的情緒，不僅僅是憤怒，一切衝動的情緒都要受到控制，而控制情緒的最好的辦法，就是時刻保持冷靜和寬容。

與多個異性談話，避免尷尬話題

在日常生活中，我們通過觀察，很容易發現一個男子和一個女子，或幾個男子和幾個女子，談話的局勢可稱都相差不大，談話的平衡發展是不成問題的。但是，如果一個女子置身於幾個男子當中，或一個男子置身於幾個女子之中，情形就有大不相同了。

處在女人堆裡，對於一個男子來說是最為苦惱的，就是你置身在幾個女子當中的時候，不易找到一個插入談話的機會。但假如閉口不言的話，就會變成一個不為所動的木頭人，自然也不會引起女士們的好感。

但是，很多時候，男人都會遭遇到這樣的尷尬。有些女子決不會為旁邊的那個男人著想，她們開始談頭髮、談衣服、談胸飾、談鞋和絲襪，所論及的都是那麼瑣碎的東西或事情，以致那唯一的男子雖不完全外行，也不好意思插進去說上幾句。這該怎麼辦呢？

如果這時的你既不願意緘默，又不便離開，你就必須設法打破這個局面，應該設法把談話的範圍引帶到較廣闊的境界去。以一種主動的姿態將她們剛才所談的頭髮、衣服、飾品等之類的話題拋到九霄雲外，使她們把注意力轉移到你的話題上來，這樣你就不至於受冷落了。

至於一個女子在許多男子當中時，情形就和上述的例子不同了。不消說，男人與男人之間所談的話題永遠都是無限廣闊的，也許是政治，也許是經營之道，也許是社會問題，也許是國際形勢。

在這種場合中，作為唯一一個女性的你，可以保持一種傾聽的態度。假如，你真的受夠了傾聽，也想參與到男人們的交談中來，不妨就在平時多下點工夫，留心一下關於體育、經濟等方面的東西，或者詢問他們的愛好、興趣，以此作為交談的出發點，也是個不錯的選擇。

最後，這裡還必須提醒一句，在這種場合中，女的不要和某一位男子交頭接耳，或者左顧右盼，以及做一些使人莫名其妙的事情，如突然打開提包翻弄一下，或偷偷發笑等。

在這個時候更忌諱漫不經心地吃些小零食，或者旁若無人地照鏡子化起妝來。這些行為不僅不會博得男士們的眷顧，反而會讓舉止變得不雅，以至於為自己帶來更多的麻煩和尷尬。

第七天 言之有計

——耍點詭，用你的「嘴」說動別人的心

生活在這個社會中，沒有哪個人是三頭六臂無所不能的。有些事僅憑一己之力是辦不成的，只有尋求他人的幫助才能成功。求人實質就是尋求合作的一種方式。怎麼樣打動對方讓對方盡全力來幫助你，就需要高超的說話藝術，只有這樣才能達到求人的目的。

軟刀子更扎人，軟話更打動人

柔能克剛，至柔之水能克萬物，而溫柔如水，一樣能如水一般浸透對方

乾涸開裂的心田。西方有一句古諺：「一滴蜂蜜所黏住的蒼蠅，遠遠超過一桶毒藥。」在試圖打動別人的時候，就應該做蜂蜜，用溫和的語言去化解別人的心。

很多時候，溫柔的言辭比強硬的反抗更能起到好的效果。面對蠻橫無理者，得理者若只用以惡制惡的方式，常常會吃虧。這時候，平息風波的更好方式，莫過於以柔克剛來對抗惡人惡語。

一般來說，溫柔的言辭很難讓人拒絕。在生活中，人們常能感覺到溫柔那無孔不入的巨大力量，外柔內堅，溫柔是一種無形而強大的力量。而且人們總是容易同情和憐憫弱者，也較容易答應弱者的要求。所以，當我們有求於人時，就可以說些軟話，或者裝出一副可憐的模樣向他們懇求，假如你的說法讓對方覺得真實可信，他們很可能就會心軟讓步。在某些情況下，這種方法是值得嘗試的。

渴望同情是人本身的天性，如果你想把強大的對手說服，不妨用爭取同情的技巧，做個可憐人，以情乞憫，以弱克強，以達到目的。

裝可憐雖然不是一種被人常用的方法，但卻是非常有效的方法。同樣在求人辦事時，往往一句話就能左右一個事情的成敗。當然，示弱在很多時候都是示弱者撒的小謊，為的是博取別人的同情。而同情是人性的光輝，是一種美德。而我們要想達到我們的目的，就需要有很好的說話技巧，有時在不得已的時候，不妨做個可憐的人來博得同情，這樣往往更容易接近成功。

萊特無法自拔地愛上了商人的女兒莎莉亞，但由於萊特是個瘸子，莎莉亞連看都不願正眼看他一眼。

一天，萊特找到莎莉亞，鼓足勇氣問：「你相信姻緣天註定嗎？」

莎莉亞眼睛盯著天花板答了一句：「相信。」

萊特接著說：「每個男孩出生之前，上帝便會告訴他，將來要娶的是哪一個女孩。我出生的時候，上帝也將未來的新娘許配給了我。並且告訴我，我的新娘是個瘸子。聽到這個消息後，我當即向上帝懇求：『仁慈的上帝，成為瘸子對於一個女孩來說將是多麼巨大的悲劇，求你把這個缺陷轉移到我的身上吧，再將美貌留給我的新娘。』」

當萊特說完這些話時，莎莉亞開始轉過頭來看他。她看到萊特的眼睛裡充滿了真誠，也發現了萊特的可憐之處，這種可憐是需要愛來彌補的。於是，她最終決定把手伸向了萊特，成為了他的妻子。

很多事情並不難辦到，只要能夠運用適合的說話技巧，就很可能會達到你的目的。而軟言軟語、做個可憐人的說話技巧，聽起來有一些貶義，但是，確是十分有效的方法。

所以，在求人辦事時，不妨將自己的語氣軟化一些，裝一下可憐，以情乞憫，讓人產生同情，以此來達到所想所要的目的。

愛吃草的給草，好吃肉的給肉

釣魚時，魚之所以會上鉤，是因為魚鉤上有餌料，那是魚之所「好」。

俗話說的「捨不得孩子套不著狼」也是這個道理。對症下藥，投其所好，他的「好」，往往正是我們可以加以利用並大做文章的地方。

有一次美國大思想家愛默生與獨生子欲將牛牽回牛棚，兩人一前一後使盡所有力氣，可怎麼樣牛也不進去。

家中女傭見兩個大男人滿頭大汗，徒勞無功，於是便上前幫忙，她僅拿了一些草讓牛悠閒地嚼食，並一路餵牠，很順利就將牛引進了欄裡，剩下兩個大男人在那裡看得目瞪口呆。

女傭之所以能夠讓牛聽她的話，按照她的意願挪動腳步，正是因為摸透了牛愛吃草的心理，然後加以迎合的結果。我們辦事的時候也是一樣，聰明人辦事不盲目，他們會先參透對方的心理，知道了對方想要的是什麼，然後再對症下藥。「投其所好」早已不是一個貶義詞了，只要不超越你的底線，投其所好往往才能把事情順利地辦好。

一位日本議員前去拜見埃及總統納賽爾。儘管彼此的經歷、興趣、脾氣等都極不相同，但日本議員為了搞好與埃及當局的關係，事先作了充分的準備工作，在談話中極力運用認同的技巧。

日本議員說：「尼羅河與納賽爾這名字，在日本是婦孺皆知，今天這次談話，我與其稱您為總統，不如稱您為上校吧（納賽爾以前是上校）！因為我也曾經做過上校，和您一樣，同英國人打過仗。英國人罵您是『尼羅河的希特勒』，他們也罵我是『馬來之虎』。我讀過閣下的《革命哲學》，我曾把它同希特勒的《我的奮鬥》作比較，我發現希特勒是實力至上的，而閣下則充滿幽默感。」

納賽爾聽了此番話語非常興奮，說：「呵，我寫的那本書，是革命之後三個月匆匆寫成的。您說得對，我除了實力之外，還注重人情。」

日本議員說：「對呀，我們軍人也需要人情。我在馬來西亞作戰時，一把短刀從不離身，目的不在殺人，而是為了保衛自己。阿拉伯人現在為獨立而戰，也正是為了防衛，正如我那時佩的短刀。」

納賽爾大喜，說：「閣下說得對極了，以後歡迎您每年來一次埃及。」

言到此處，談判的氛圍可謂是祥和溫馨，轉入正題。涉及兩國的關係及貿易時，談判進行得一帆風順，很快達成了一致的協定。

事情就是這麼簡單，只要摸清楚對方的秉性，知道對方是「食肉動物」還是「食草動物」就好辦了。然後按照他們的喜好，愛吃草的給草，好吃肉的給肉。這樣才能打開對方的心理防線，俘獲對方的芳心。接下來的事情，自然會向你期望的方向發展。

一般來說，投其所好可以從以下兩個方面做起：

一方面是努力尋找對方身上值得表揚的地方。

每個人身上都有閃光點，我們要善於觀察，發現對方美好的一面。沒有一個人不喜歡聽到別人的讚美之詞，但是有一點要切記，那就是你的讚美要真誠，起碼要讓對方聽起來覺得真誠。這樣巧妙的交談，會讓對方把你當作自己人，就可以讓自己在人際交往中所向披靡、百戰不殆。

另一方面是努力尋找對方感興趣的事物。

在現實生活中，我們往往會遇到這種情況。我們努力地想表達自己的意願，希望對方能夠理解。然而，喋喋不休地大談一通之後，才發現對方似乎並沒有在認真地聽自己說，而是象徵性的敷衍，甚至開起了小差去想一些別的事情，這時的我們一定會備感失落，而所求之事自然也就多半無果而終。

可見，良好的溝通，首先得是要說讓對方能夠聽得進去的話。而最直接的方式就是去尋找對方感興趣的點。從這個點切入，繼而引出你想要表達的主題。這樣在交談中，雙方的感情才能融洽，事情的成功率自然也就高出了許多。

你越激勵別人，別人越聽你的

要想讓一個人心甘情願地為你做事，最基本的方法是要取得對方的信任和喜愛。而達到這一目的的一個簡單方法，就是鼓勵對方，讓他在你的激勵之下不斷前進。當他們成功或能力得到提高的時候，你無疑就是他們最感激、最信賴的人，當然也會願意聽從你的調遣，按照你的意願行事了。

如果你要對別人說他或她在某一件事情上顯得很笨，很沒天分，也不可能成功，那麼你的「預言」一定會實現的，因為你的話等於毀了對方所有要求進步的心。我們完全可以用相反的方法來鼓勵他們，令事情看起來很容易做到，讓他們知道，你對他做這件事的能力完全有信心。這樣，他們的才能也會真的像你說的那樣發揮出來。

將心比心、以情動情這個道理，許多古代政治家都懂得。劉邦的「信而愛人」，唐太宗的「以誠信天下」，都是頗為感動下屬的領導行為。每個人都需要別人的同情、尊重、理解和信任。如果我們能夠注意這一點，並身體力行，那麼一定能深得人心，讓別人為你所用。

俗話說：「士為知己者死。」如果你對別人能夠以誠相待，感情相通，從思想上理解他們，從精神上去激勵、信任和支持他們，使他們的精神需要得到滿足，這樣對方就會煥發出高昂的熱情，奉獻出無私的力量，就會越來越願意聽從你的話去辦事。

用引起「共鳴」的方式達到求人的目的

人與人之間，本來有許多地方是相同的。如果兩個人情趣相投，辦起事來自然也就容易得多。但是要使它真正共鳴起來，得有相當的說話技巧。

在你對另一個人有所求的時候，這樣的論點也同樣適用。最好先避開對方的忌諱，從對方感興趣的話題談起，不要太早暴露自己的意圖，而要讓對方一步步地贊同你的想法，當對方跟著你走完一段路程時，便會不自覺地認同你的觀點了。

求人辦事，攻心很重要，要從心底最深處打動對方。如果你說的都是對方不關心的話題，當然無法讓對方產生什麼興趣；但如果你能從對方關心的事情出發，然後引出你的事來，在思想上達成一種共鳴，讓對方覺得你的要求離他的辦事原則並不是十分遙遠，甚至還有很多相通之處的話，那效果自然要好得多。

伽利略年輕時就立下雄心壯志，要在科學研究方面有所成就，他希望得到父親的支持和幫助。

一天，他對父親說：「父親，我想問您一件事，是什麼促成了您同母親的婚事？」

「我看上她了。」

伽利略又問：「那您有沒有娶過別的女人？」

「沒有，孩子。家裡的人要我娶一位富有的女士，可我只鍾情你的母親，她從前可是一位風姿綽約的姑娘。」

伽利略說：「您說得一點也沒錯，她現在依然風韻猶存，您不曾娶過別的女人，因為您愛的是她。您知道，我現在也面臨著同樣的處境。除了科學以外，我不可能選擇別的職業，因為我喜愛的正是科學。別的對我而言毫無用途也毫無吸引力！難道要我去追求財富、追求榮譽？科學是我唯一的需要，我對它的愛有如對一位美貌女子的傾慕。」

父親說：「像傾慕女子那樣？你怎麼會這樣說呢？」

伽利略說：「一點也沒錯，親愛的父親，我已經十八歲了。別的學生，哪怕是最窮的學生，都已想到自己的婚事，可是我從沒想過那方面的事。我不曾與人相愛，我想今後也不會。別的人都想尋求一位標緻的姑娘作為終身伴侶，而我只願與科學為伴。」

父親似乎有所感，但始終沒有說話，仔細地聽著。

伽利略繼續說：「親愛的父親，您有才幹，但沒有力量，而我卻能兼而有之，為什麼您不能幫助我實現自己的願望呢？我一定會成為一位傑出的學者，獲得教授身分，我能夠以此為生，而且比別人生活得更好。」

說到這，父親為難地說：「可我沒有錢供你上學。」

「父親，您聽我說，很多窮學生都可以領取獎學金，這錢是公爵宮廷給的。我為什麼不能去領一份獎學金呢？您在佛羅倫斯有那麼多朋友，您和他們的交情都不錯，他們一定會盡力幫助您的。也許您能到宮廷去把事辦妥，他們只需去問一問公爵的老師奧斯蒂羅·利希就行了，他瞭解我，知道我的能力……」

父親被說動了：「嘿，你說得有理，這是個好主意。」

伽利略抓住父親的手，激動地說：「我求求您，父親，求您想個法子，盡力而為。我向您表示感激之情的唯一方式，就是……保證成為一個偉大的科學家……」

伽利略最終說動了父親，他實現了自己的理想，成為一位聞名遐邇的科學家。

伽利略採用了「心理共鳴」的方法達到了說服的目的。這種說服法一般可分為以下四個階段。

導入階段：先顧左右而言他，以對方當時的心情來體會現在的心情。這件事情最好是讓對方感觸較深的事情。

轉接階段：當鋪墊做得差不多的時候，逐漸轉移話題，引入正題。可以像伽利略一樣採用「我也面臨……」「我也一樣……」的句式，這樣會讓人容易接受。

正題階段：提出自己的建議和想法。

結束階段：明確提出要求，為了使對方容易接受，還可以指出對方這樣做的好處。

人其實都是一樣的，只是表現方式各異。你要找到你與所求之人之間的共同點，得到對方心靈的回應，就獲得了求人辦事的成功。

要深諳迂迴戰術

我們在求人辦事的過程中，由於對方的性格、地位、當時的情況等諸多因素，不可能立即答應，在這個時候我們切勿急躁，而不妨採用迂迴戰術一試。

注意在說話時避開對方的忌諱點繞道而行，從對方比較感興趣的話題談起。不過早地暴露自己的意圖，一步步迂迴接近目標點。這樣的交際策略才有效果。

春秋後期，齊相晏子可謂是一個交際大師。一天，齊景公的愛馬突然暴死，齊景公勃然大怒，不由分說就要把養馬人用刀肢解。

這時晏子在齊景公身旁，他見侍衛持刀進來，便不動聲色地問齊景公：「當年，堯舜肢解人的時候，從誰的身軀開始的？」

齊景公回答道：「從自身開始的。」

剛答完，齊景公就聽出了言外之意，是委婉地批評他，於是下令不殺那個養馬人，改口道：「那麼就罰他下獄吧！」

晏子說：「這個處罰挺好，但請允許我代大王數數養馬者所犯下的罪狀，才能讓他感到心服口服。」

齊景公說：「那我就先聽一聽。」

於是，晏子歷數養馬人「罪狀」道：「國君讓你養馬而你把馬養死了，這是第一條罪；而且你養死的是國君最喜愛的馬，這是第二條罪；你讓國君因為一匹馬這樣的小事而殺一個人，如果百姓知道，一定會埋怨國君殘暴，而且鄰國聽了，也一定會恥笑國君，輕視齊國，這是第三條罪。」

齊景公聽完立即說：「把養馬人放了吧，不要因為這一件小事阻礙了我的仁政。」

古代君主總是掌握著生殺大權，如果不小心觸犯了他們，那麼後果不堪設想。這個時候不妨先認同君主的意見，然後採用迂迴的戰術，方能在解救他人的同時保全自己。

在求人辦事的過程中，總會有一些使人們不便、不忍或者語境不允許直說的東西。於是，聰明人就會故意說些與本意相關或相似的事物，以委婉的方式攻心，讓對方無法拒絕。

迂迴戰術在人們的日常交往中常表現為一種策略性的智慧。一位哲學家曾經說過：「只有懂得繞彎子的人，才有可能是達到光輝頂點的人。」說話繞繞彎子，就猶如在「良藥」外面包了一層糖衣。糖衣不會降低良藥的威力，繞彎子也不會減弱你的語言魅力。旁敲側擊，繞繞彎子，讓別人不知不覺地認同你的觀點，正是人際交往的最高境界之一！

求人辦事時，為了避免碰釘子或少碰釘子，不妨採用迂迴交際法，試著多繞幾個彎子。繞彎子並不等於是放棄，而是為了順利地接近自己的目標，更好地達到目的。

移花接木，妙語激將達目的

移花接木，妙語激將，聽上去有點詭辯的意味，但如果為了正確的目的而恰當地加以運用，也能收到良好的效果，甚至能讓枯木逢春，有起死回生之功效。

激將法是求人的一種高超技巧。使用激將法往往能夠使對方感情衝動，從而去做一件他在平常情況下可能不會去做的事。激將者還可以激起對手的憤怒感、羞恥感、自尊感、嫉妒感或羨慕感等。這樣，被求者在激動之中來不及考慮太多就答應了，造成了這樣一種結果：他要做的事不是你求他，而是他自己要做的。

《三國演義》第四十四回寫建安十三年秋，諸葛亮孤身至吳，貫徹「聯吳抗曹」的戰略，就是靠「移花接木」之術，妙言激將，巧服周瑜的。

一天晚上，魯肅領著諸葛亮來見周瑜，周瑜出中門迎入，敘禮之後，分賓主坐下。

魯肅先開言對周瑜說：「現在曹操率領大軍南侵。是和還是戰，我們主公決定不下，說要聽將軍您的意見，不知道將軍您是作何打算？」

周瑜答道：「曹操以天子為名，其師不可拒。且其勢大，未可輕敵。戰則必敗，降則易安。我意已決，來日見主公，便當遣使納降。」

一向憨厚的魯肅聽周瑜如是說，感到大為驚異，立即駁斥說：「君言差矣！江東基業，已歷三世，豈可一旦棄於他人？伯符遺言，外事託付將軍。今正欲仗將軍保全國家，為泰山之靠，奈何從懦夫之議耶？」

詭譎的周瑜說：「江東六郡，生靈無限。若罹兵革之禍，必有歸怨於我，因此才決計請降啊。」

魯肅急了，爭辯說：「不對呀，以將軍之英雄，東吳之險固，曹操是未必能夠得志的。」

他們二人互相爭辯，諸葛亮聽在耳裡，早已胸有成竹，只是袖手冷笑。看到諸葛亮不為所動，周瑜問道：「孔明先生笑什麼呢？」

諸葛亮答道：「我不笑別人，只是笑子敬不識時務。」

一句話，把個老實的魯肅弄得個丈二和尚摸不著頭腦，問：「先生怎麼反而笑我不識時務呢？」

諸葛亮說：「公謹主意欲降曹，甚為合理。」為什麼說合理呢？諸葛亮論證道：「曹操極善用兵，天下無人能擋。以往只有呂布、袁紹、袁術、劉表敢與他對敵。而今這些人都被曹操滅了，天下再沒有人敢與他對敵了。只有劉備不識時務，硬與曹操抗衡，而今落得孤身江夏，存亡未保。將軍決計降曹，可以保妻子，可以全富貴，至於國家命運危亡，可以歸之於天命嘛，有什麼值得顧惜呢？」

此言一出，周瑜覺得難以忍受。諸葛亮進而進言說：「我有一計，不用牽羊擔酒、納土獻印，也不需親自渡江，只需派一個使者，用扁舟送兩個人到江上，操一得此二人，百萬之眾就會卸甲捲旗而退。」

周瑜聽到這，忍不住問道：「用哪兩人可退曹兵？」

諸葛亮說：「我在隆中時，就聽說曹操在漳河造了一個銅雀臺，極其壯麗，廣選天下美女以充實之，曹操本是好色之徒，早就聽說江東喬公有兩個女兒，大的叫大喬，小的叫小喬，有沉魚落雁之容、閉月羞花之貌。曹操曾經發誓：『我有兩個願望，一願掃平四海，以成帝業；一願得江東二喬，置之銅雀臺，以樂晚年，雖死無憾矣！』今天曹操引百萬之眾，虎視江南，其實不過為此二女罷了。將軍何不去尋喬公，以千金買此二女，差人送與曹操，曹操得此二女，必然稱心如意，班師回朝。這是范蠡獻西施之計，為什麼不快點辦呢？」

周瑜問：「你說曹操想得二喬，有什麼證據嗎？」

諸葛亮說：「曹操的小兒子曹植，字子建，下筆成文，曹操曾命其作賦，也即是名作《銅雀臺賦》，賦中的意思，就是說他家合該為天子，立誓取二喬。該賦因文辭華美，我還能背誦：『立雙臺於左右兮，有玉龍與金鳳。攬二喬於東南兮，樂朝夕與之共。……願斯臺之永固兮，樂終古而未央！』」

諸葛亮的一番話，說得周瑜勃然大怒，離座指北而罵道：「老賊欺我太甚！」

諸葛亮卻急忙站起來勸說道：「以前單于屢侵疆界，漢天子許以公主和親，今何惜民間二女子呢？」

周瑜說：「你不知道，大喬是孫伯符將軍之婦，小喬就是我周瑜的妻子呀。」

諸葛亮故意裝作惶恐之狀，說：「我實在不知道，失口亂言，死罪死罪！」

周瑜說：「我與老賊勢不兩立！」

諸葛亮進一步激他說：「事情須三思而行，免得後悔。」

在諸葛亮的智激下，周瑜意志堅定起來，朗聲發誓：「我受孫伯符委託，哪有屈身降曹的道理？我早有北伐之心，雖刀斧加頭，也不會改變志向，望你助我一臂之力，共破曹賊。」

諸葛亮採用移花接木之術，巧借諧音智激周瑜，達到了聯吳抗曹的目的。

不難看出，周瑜最初的意思是想以詐言降曹的反話，撩撥諸葛亮，欲使諸葛亮來求自己，卻沒想到諸葛亮不但沒有順意相求，卻先將周瑜大貶了一通，說他不敢與曹操對敵，不僅根本算不上英雄，而且是那種只知保妻子，全富貴，屈膝投降的小人，激發了周瑜的鬥志。接著才進言提出了自己的方案，然後再三激發，最終達到了目的。

可見，「激將法」是以語言的反作用力作為刺激，激起對方按照說話人的意向說話或回答問題。這就是俗話說的「請將不如激將」。有些時候，在多次正面勸導、說服仍無效的情況下，運用反面激將法可以很快奏效。

站在對方的立場去說話

當你想要釣上一條魚的時候，就要考慮魚是怎麼想的，知己知彼，自然能百戰不殆。聰明的人都是善於摸透別人的心理的人，能夠猜準對方心裡怎麼想，站在對方的角度去考慮問題，才能做出相應的反應，說出打動對方的話來。

有一次，美國鋼鐵公司總經理卡里請來房地產經紀人安娜・戴爾，對她說：「安娜女士，我們鋼鐵公司的房子是租別人的，我想還是自己有座房子才行。」

此時，從卡里的辦公室窗戶望出去，只見江中船來船往，碼頭密集，這是多麼繁華熱鬧的景致呀！

卡里接著又說：「我想買的房子，也必須能看到這樣的景色，或是能夠眺望港灣的，請你去替我物色一所相當的吧。」

安娜費了好幾個星期的時間來琢磨這所相當的房子。她又是畫圖紙，又是造預算，但事實上，這些東西竟一點也派不上用處。不料，她僅憑著兩句話和五分鐘的沉默，就賣了一座房子給卡里。

在卡里鋼鐵公司所在的樓房，卡里可以眺望江景。而卡里似乎很想買其隔壁那座樓。當卡里第二次請安娜去商討買樓之事時，安娜卻勸他買鋼鐵公司本來住著的那幢舊樓房，同時指出，隔壁那座樓房中所能眺望到的景色，不久便要被一所規劃中的新建築所遮擋了，而這棟舊樓房還可以保全多年對江面景色的眺望。

卡里立刻對此建議表示反對，並竭力加以辯解，表示他對這棟舊樓絕對無意。但安娜並不申辯，她只是認真地傾聽著，腦子飛快地思考著，究竟卡里的意思是想要怎樣呢？卡里始終堅決地反對買那棟舊樓，他反對的理由，都是些瑣碎的地方，顯然可以看出，這並不是卡里的意見，而是那些主張買隔壁那棟樓房的職員的意見。

安娜聽著聽著，心裡也明白了八九分，知道卡里說的並不是真心話，他心裡真正想買的，卻是他嘴中竭力反對的他們已經佔據著的那棟舊樓。

由於安娜一言不發靜靜地坐在那裡聽，沒有表示她對買這棟樓房的反對意見，卡里也就停了下來。

這時安娜開始運用她的策略，連眼皮都不眨一下，非常沉靜地說：「先生，您初來紐約的時候，您的辦公室在哪裡？」她等了一會兒，又問：「鋼鐵公司在哪裡成立的？你們的事業在哪裡誕生的？」

卡里回答得很慢，安娜也不再說什麼。

就這樣過了五分鐘，終於，卡里以半帶興奮的腔調對她說：「我的職員們差不多都主張搬出這座樓房，然而，這是我們的發祥地啊！我們差不多可以說就是在這裡誕生、成長的，這裡實在是我們應該永遠常住駐下去的地方呀！」

於是，在半小時之內，這件事就完全辦妥了。

並沒有利用欺騙或華而不實的推銷手段，也不炫耀許多精美的圖表，這位經紀人居然就這樣完成了她的工作。

安娜・戴爾的成功，完全是因為她站在卡里的立場上感覺到在卡里心中，潛伏著一種他自己並不十分清晰的、尚未覺察的情緒，一種矛盾的心理，那就是卡里一方面受其職員的影響，想搬出這座老樓房；而另一方面，他又非常依戀這棟樓房，仍舊想在這兒住下去。安娜之所以能做成這樁生意，就在於她能研究出卡里的真實意圖，使卡里能用一個新的方法來解決這個矛盾。

作為一個想成就事業的人應該明白，在這世界上，只有一種方法可以促使人去做任何事，那就是讓人們自己願意去做這件事。而真正要他願意做事的唯一方法就是，給他想要的東西。那麼，一個人到底想要什麼呢？美國學識最淵博的哲學家之一約翰・杜威認為，人類本質裡最深遠的驅動力就是「希望具有重要性」。

林肯曾在寫信時提到：「人人都喜歡受人稱讚。」威廉・詹姆斯也說過：「人類本質裡最殷切的需求是渴望被人肯定。」人類的心理再複雜，也還是有很多共性的，比如脆弱、自私、喜新厭舊、好逸惡勞、嫉妒等。能夠通過細緻的觀察，把握住對方的心理，你就贏了。因為你知道他下一步會出什麼牌，知道他需要什麼，只要你說出的話能讓他感到是站在他的立場上的，能夠滿足他的需要，你的事情就一定能辦成。

正如《紅樓夢》中那句至理名言「世事洞察皆學問，人情練達即文章」所說的一樣，人與人之間的交流深藏諸多玄機，誰都不敢保證能夠吃透對方的心理，尤其是與老謀深算的人打交道。所以，遇到這樣的人，你只能試圖摸清他的脾氣，但不敢保證能掌握多少，儘量站在對方的立場說話即可。

製造一點「絕望感」來說動別人

涉世較深的人大概都不難發現，在求人辦事或者讓別人接受你的意見時，有時候越是順從許諾越是難以達到目的，好像對方有意要堅持自己的「原則」，故意跟你過不去一樣。那麼，既然這樣，我們就要改換方式，不妨反其道而行之，開口提出要求之前，先適當地給對方製造一點絕望感。

在說服過程中，善意地給對方製造一點「絕望感」，即指出按原來的想法行動會產生的惡劣後果，從而使其放棄或改變原來所持的觀點。這種方法稱為「絕望進攻術」。這種絕望進攻術可採取「虛」和「實」兩種形式。所謂「虛」，指長遠才產生的惡劣情況；所謂「實」，指眼前就可能產生的惡劣情況。你若能在你的言語中表達出這兩種情況相互作用，讓對方感到「絕望」，繼而提出你的解決方案，對方大部分情況下都會欣然接受。

現代人辦事都講究頭腦靈活，我們在試圖說動別人時也要懂得變換招式。試著用一用「絕望說服法」吧，它能讓你在達到目的的同時還賺得一份人情，一舉兩得之事，我們何樂而不為呢？

求人辦事別忽略了你自信的魅力

很多人在求人時，覺得那滋味兒實在是不好受，還沒等你向人家張口，便自覺矮了一大截。不好意思向別人開口，或者顯得過於低聲下氣。這樣的求人方式大多是不會成功的。

有個僧人進寺廟修行已經十二年了，從來不敢向住持請教問題。其他的僧人問他：「你就沒有不明白的問題嗎？」

他總是回答：「有，但是大師很忙，學僧不敢打擾。」

又過了好多年，住持見他還沒有覺悟，就當頭棒喝：「忙忙忙，我在為誰而忙？我也可以為你忙！」這時，學僧才翻然醒悟。

學僧明白了參禪要勇於擔當，人我分得太清，心就拘泥於牢籠。為人處世又何嘗不是這樣？許多顧及和牢籠都是我們自設的。

其實，只要以自信的態度去求人，他人會樂意幫助你的。正如屠格涅夫所說：「先相信你自己，然後別人才會相信你。」

人生在世，不求人辦事是不可能的。既然必須求人，倒不如求人辦事的時候理直氣壯些，求人也得求得瀟灑、舒坦，求人不必虛張聲勢、空話連篇，但是也不必乞哀告憐、任人奚落。如果有什麼不好意思，放不下「清高」的架子或者過分地貶低自己，自然也就不能與社會相適應，也難以辦成事。當然，一味地忍受屈辱也是行不通的。求人辦事時要有自信，它同樣會為你加分。

求助於他人時，首先要做到不卑不亢。自信的表現是一個人謀求個人成功的必備素質。你說出的話要合乎人心，讓人聽後有如沐春風之感，自然柔和親近。從而「掌握」住自己所求的對象，這樣，你就能很容易達到求人的目的。

當然，求人辦事，也需要一定的「忍」功。但這個「忍」並不是忍氣吞聲，而是要有足夠的承受力忍耐所求人的臉色。求人辦事並不一定都能水到渠成，對方面露難色，態度冷淡甚至表示拒絕都是可能的，你千萬不要由此就覺得自己失了面子，受了侮辱，從而惡語相向。

說話自信的態度，會給人留下以後會大有作為的印象，對方這樣認為了，就會很願意幫你，因為他心裡會想：「如果我幫助他，他將來成功了，一定會對我有好處的。」這時，你自信的目的就達到了。

事沒辦成也得真誠道謝

很多時候，朋友熱忱地幫你，但是最後事情還是沒辦成，這時候，會辦事的人仍然會真誠致謝，畢竟他在你需要的時候曾伸出援手，不管結果如何，都應該真誠地向他表示謝意。

答應幫助你的朋友，在替你辦事時大都是盡心盡力的。但是不見得所有的事情都能得償所願，失敗也在所難免。為此，他也會覺得對你有一絲歉意，所以就更不該抱怨、甚至責備他了。你的理解，會換來他的好感，下次如果你再求他辦事，他依舊會竭盡所能地幫你。相反，如果你不問青紅皂白地責怪他，你可能會失去他這個朋友，因為幫你辦事原本就不是他的義務，費力不討好的事情沒有人會再去做第二回。

很多時候，我們過於追求結果，人也變得急功近利，覺得別人沒辦成事就是他的不對。尋求旁人的幫助本來也只是一種解決問題的嘗試方法。既然嘗試，就不要把結果看得太過重要。如果不認識這個人的話，你的問題也依舊會存在。別人答應幫你辦事就已經是對你的一種恩惠了，說明他還把你當成他的朋友。事情辦成了，自然要好好謝謝人家；即使辦不成，他也為此付出了努力，同樣應該表示感謝。一味的抱怨和咄咄逼人，只會讓別人將你拉進交往的黑名單。

做個心胸大度、並時刻懂得感恩的人，才能受人歡迎，讓人樂於隨時向你伸出援手。

第八天 言之有依
——有理有據，談判說服巧攻心

古人曾說：「一人之辯重於九鼎之寶，三寸之舌強於百萬之師。」可見，良好的口才對一個人的成功是何等重要。諸如談判的邏輯與語言技巧，步步緊逼的進攻戰術，反客為主的防守技巧，靈活機智的反詭辯術，可以說最精彩的說話常常閃爍在談判的場合中。

有效說服的關鍵——曉以利害

「人為財死，鳥為食亡」的話雖然稍顯絕對和誇張了一些，但是，人們畢竟生活在一個很現實的社會裡，要想生存，就離不開各種與己有關的利益。一個人最關心的往往是與自己利益有關的事情，所以，當你想要勸說某人時，如果能對他們曉以利害的話，相信他不會不為所動的。

人稱「黑珍珠」的球王貝利，是人類足球史上享有盛譽的天才。在很小的時候，他就顯示出了足球的天賦，並且取得了不俗的成績。

有一次，小貝利參加了一場激烈的足球比賽。賽後，夥伴們都精疲力竭，有幾位小球員點上了香煙，說是能解除疲勞。小貝利見狀，也要了一支。他得意地抽著煙，看著淡淡的煙霧從嘴裡噴出來，覺得自己很瀟灑、很前衛。不巧的是，這一幕被前來看望他的父親撞見了。

晚上，貝利的父親坐在椅子上問他：「你今天抽煙了？」

「抽了。」小貝利紅著臉，低下了頭，準備接受父親的訓斥。

但是，父親並沒有這樣做。他從椅子上站起來，在屋子裡來回地走了好半天，這才開口說話：「孩子，你踢球有幾分天賦，如果你勤學苦練，將來或許會有點兒出息。但是，你應該明白足球運動的前提是你具有良好的身體素質。可今天你抽煙了。也許你會說，我只是第一次，我只抽了一根，以後不再抽了。但你應該明白，有了第一次便會有第二次、第三次……每次你都會想：僅僅一根，不會有什麼關係的。但天長日久，你會漸漸上癮，你的身體就會不如從前，而你最喜歡的足球可能因此漸漸地離你遠去。」

父親頓了頓，接著說：「作為父親，我有責任教育你向好的方向努力，也有責任制止你的不良行為。但是，是向好的方向努力，還是向壞的方向滑去，主要還是取決於你自己。」

說到這裡，父親問貝利：「你是願意在煙霧中損壞身體，還是願意做個有出息的足球運動員呢？你已經懂事了，自己做出選擇吧！」

說著，父親從口袋裡掏出一遝鈔票，遞給貝利，並說道：「如果不願做個有出息的運動員，執意要抽煙的話，這些錢就作為你抽煙的費用吧！」說完，父親走了出去。

小貝利望著父親遠去的背影，仔細回味著父親那深沉而又懇切的話語，不由得掩面而泣，過了一會，他止住了哭，拿起鈔票，來到父親的面前。

「爸爸，我再也不抽煙了，我一定要做個有出息的運動員！」

從此，貝利訓練更加刻苦。後來，他終於成為一代球王。他的成功跟父親的一番教導是分不開的。至今，貝利仍舊不抽煙。

曉以利害的說服，不僅在親人之間最有效，在生活與工作中，都可以得到施展的空間。

比如，公司的情況現在江河日下，身為老闆的你要說服年紀大的下屬接受你指派的並不容易的工作來挽救公司。這時，他是否接受就關係到公司的命運，所以你的說服就一定要找到關鍵點，曉以利害，讓他心甘情願地接受，並出色地完成。

首先，謙虛的態度是你與歲數高於你的下屬成功交往的關鍵，清楚仔細地說明任務的每個細節，並及時向他詢問任務執行的情況，以及他們的難處，這樣會使你在委派任務的同時又獲得許多經驗之談。

在委派結束之時，要親切地對他說：「這個任務的完成最需要的就是您的豐富經驗與聰明才智，如果在其他方面有什麼問題或意見，希望您能及時地幫我們點出，我們會立刻解決的。」

你的幾句謙遜、問寒問暖的話語，會讓這些年老下屬的心得到足夠慰藉，也許還會煥發出青年時的幹勁與熱情。

可見，最有效的說服，就是抓住一個關鍵點，寓理於情，曉以利害。這樣，說服教育的目的就可以輕而易舉地達到。當然，除此之外，掌握曉以利害的說服方式也有一定的技巧。

一、努力尋求雙方的共同點

談判者要說服對方，應努力尋求並強調與對方立場一致的地方，這樣可以贏得對方的信任，消除對方的對抗情緒，用雙方立場的一致性為跳板，因勢利導地解開對方思想的扭結，說服才能奏效。

二、強調彼此利益的一致性

說服工作要立足於強調雙方利益的一致性，淡化相互間的矛盾性，這樣對方就較容易接受你的觀點。

三、說服要耐心

說服必須耐心，不厭其煩地動之以情，曉之以理，把接受你的意見的好處和不接受你的意見的害處講深、講透。不怕挫折，一直堅持到對方能夠聽取你的意見為止。在談判實踐中，常遇到對方的工作已經做通，但對方基於面子或其他原因，一時又下不了臺。這時談判者不能心急，要給對方一定的時間，直到瓜熟蒂落。

四、說服要由淺入深，從易到難

談判中的說服，是一種思想工作，因此也應遵照循序漸進的方針。開始時，要避開重要的問題，先進行那些容易說服的問題，打開缺口，逐步擴展。一時難以解決的問題可以暫時拋開，等待時機再行說服。

五、不可用脅迫或欺詐的方法說服

說服不是壓服，也不是騙服，成功的說服必須要體現雙方的真實意見。採用脅迫或欺詐的方法使對方接受意見，會給談判埋下危機。

以設問的方式誘導說服

我們知道，說服的目的在於讓對方接受，而接受的關鍵在於攻心。攻心有正攻、反攻，所謂正攻者，即正面說服的意思，循循善誘是其特徵。特別是當被說服的對象處於一種對道理不瞭解的狀況時，正面誘導就能起到畫龍點睛的作用。

在古今許多事情的重要場合，誘導攻心法所產生的作用是採用別的方法所不能代替的。而誘導的直接方式就是設問。讓對方隨著問題一步步地跟隨你的思想和步伐而來，就能在不知不覺中達到說服的目的。從下面的事例中我們可以學到如何運用誘導攻心法來說服別人聽從你的勸告。

一、順勢問法

宋神宗時，孫覺出任福州知州，有一些貧苦人因拖欠官府的錢而被送進監獄。孫覺非常同情他們，當時正好有一些富人想出大錢來整修佛殿向孫覺請示。

孫覺想了想說：「你們施捨錢財，為的什麼？」

回答曰：「願意得福。」

孫覺說：「佛殿沒怎麼壞，菩薩像也好好的。假若用這些錢為關在監獄裡的人償還他們所欠的官錢，使之脫離枷鎖之苦，那樣所得的福豈不更多嗎？」

富人們不得已只好答應了。

就這樣，孫覺從施捨錢財這一角度出發，將捐錢的目的順勢引到了救人積福方面，使富商們無話可說，解救了不少人的危難。

孫覺在說服富人的時候並沒有直接說出自己的目的，而是先提出了「你們施捨錢財，為的什麼？」這樣的問題，然後順勢而為完成了自己的勸說過程，講道理講到了富人心裡，才能取得想要的效果，而之前鋪墊性提問，也就成了誘導的前提和整個環節的點睛之筆。

因此，順勢問法，最主要的部分就在於鋪襯。

二、啟發式問法

俄國十月革命剛剛勝利的時候，許多農民懷著對沙皇的刻骨仇恨，堅決要求燒掉沙皇住過的宮殿。別人做了多少次工作，農民們都置之不理，非燒不可。最後，只好由列寧親自出面做說服工作。列寧對農民說：「燒房子可以，但在燒房子之前，讓我講幾句話，可以不可以？」

農民們說：「可以。」

列寧問道：「沙皇住的房子是誰造的？」

農民們說：「是我們造的」。

列寧又問：「我們自己造的房子，不讓沙皇住，讓我們自己的代表住好不好？」

農民們齊聲回答：「好！」

列寧再問：「那麼這房子還要不要燒呢？」

農民們覺得列寧講得好，同意不燒房子了。

列寧採用的這種「啟發式問話」方式，意在點醒百姓，使農民從對沙皇的仇恨和憤怒的情緒中解脫出來，換一種理智的思維來思考問題，也使得眾人放棄了原來的想法。這種方法與順勢問法有異曲同工之妙，但它通常會在勸導的過程中，提出一個具有誘惑性的解決方案。

但要注意，這個方案一定要符合實際、合情合理。而且最好能直接關係到對方的利益，這樣才能最快地達到最好的效果。

三、逼迫問法

秦宣太后在宮中守寡，與大臣魏丑夫暗中勾搭，情投意合。後來太后病重不起，臨死前感到離不開魏醜夫，就命令魏醜夫陪葬。

魏丑夫聽說此事嚇得面無人色，到處找人說情。大臣康芮自告奮勇找太后，一見就說：「死人還有知覺嗎？」

太后支支吾吾地回答：「沒有知覺。」

康芮說：「既然沒有知覺，為什麼還要把生前所愛的人活活弄到墳墓裡同死人埋葬在一起呢？再說，如果死人有知覺，那麼在陰間的先王積怨也應該很久了。太后到了陰間連請罪還來不及，哪有什麼空去與魏丑夫相好呢？」

太后沉吟了半晌，咬咬牙說：「罷了。」

康芮以死人是否有知覺為前提，一開始就將太后逼到了沒有退路的地步，然後採用順勢問話迫使太后放棄了陪葬的主意，可見這種逼迫性的問法似乎較之順勢問法和啟發式問法更近了一步，也顯得更有力度、更加犀利了一些，讓人無可辯駁。這種說理方式顯然是值得今人好好學習繼承的；但它多用在一些用於勸說令人氣憤或者荒唐的事情上。

在試圖進行勸服的過程中，巧妙地使用了問話的方式，問完之後再針對對方所回答的答案進一步說明，這樣，對方就不知不覺地進入了談話的圈套中，談話的主動權就掌握在你手裡，結果當然可想而知。

類比勸說，打個比方給人聽

有些大的道理，說起來往往需要長篇大論，說者固然口若懸河、興致勃勃，然而時間長了則口乾舌燥，而聽者也因單調枯燥而感到昏昏欲睡。其實，許多小故事裡也蘊涵著大道理。當你想和他人講一個大道理而對方拒絕接受時，不妨使用有同樣寓意的小故事來試著打個比方，進行一下類比，沒準還真能取得不錯的效果呢。

春秋戰國時，齊國有個相國名叫鄒忌，看到當時的齊國君主齊威王剛取得一點成績，就驕傲起來了，很是著急，就想找個機會把這毛病及早給他指出來。

有一天早晨，鄒忌起來穿好衣服後照了照鏡子，看到自己模樣很不錯，心裡挺得意，就問他妻子：「我跟城北徐公比，誰更漂亮？」

妻子笑著說：「當然是您漂亮啦，城北徐公哪兒能比得上您啊！」

城北徐公是當時齊國有名的美男子，鄒忌有點不相信妻子的話，就去問侍妾：「你看我跟城北徐公比起來，哪個更漂亮啊？」

侍妾回答說：「徐公哪能跟您比啊！您比他好看多啦！」

過了一會兒，又來了一位客人，鄒忌又去問他：「人家說我比城北徐公還漂亮，您看是這樣嗎？」

客人說：「一點不錯，您比城北徐公可漂亮多了！」

第二天，城北徐公來拜訪。鄒忌把徐公上上下下仔細打量了一番，感到自己並不如徐公漂亮，於是偷偷地照了照鏡子，再看看徐公，更覺得自己比徐公差遠了！

送走了徐公之後，鄒忌百思不得其解：「我明明不如徐公長得漂亮，為什麼妻子、侍妾和客人硬說我比他漂亮呢？」

想來想去，鄒忌最後悟出來了一番道理。第二天一大早他就上朝去了，把這件事原原本本地說給威王聽。

威王聽了之後哈哈大笑，問：「為什麼他們都說你比徐公漂亮呢？」

鄒忌說：「我昨天想了很久才明白過來，我的妻子說我漂亮，因為她對我有偏愛；侍妾說我漂亮，因為她怕我不高興；客人說我漂亮，那是因為他有事情求我。他們都是為了討好我才說我漂亮！」

威王點點頭說：「你說得很對，聽了別人的好話，得考慮考慮，不然就很容易受蒙蔽，分不清是非。」

鄒忌嚴肅起來，順著威王的話題說：「大王，我看您受的蒙蔽比我還深呢。」

威王臉一沉，喝問：「你這話什麼意思？」

鄒忌不慌不忙地說：「大王，這個意思很明白。我的妻子、侍妾、客人，為了討好我而蒙蔽了我。如今，齊國上千里地方，一百多個城鎮，王宮裡的美女和侍從沒有不偏愛大王的，朝廷上的大臣沒有不害怕大王的，天下各國沒有不求大王的。他們為了巴結大王，在您跟前盡說些好聽話。由此看來，大王受到的蒙蔽是很深的啊！」

威王恍然大悟：「相國言之有理！」於是愉快地採納了鄒忌的意見，宣布全國的人隨時都可以向他進言。

大多數的古人在講道理的時候喜歡採用類比的方法，先說出形象、生動，具有典型意義的事物，再引出自己表達的真實意思。類比法運用的是形象思維，而不是邏輯思維，從而使一般人更易於接受。

鄒忌正是採用了類比勸說的方法，由自己與徐公比美這件事，巧妙地引到納諫的正題上來，使齊威王得以頓悟。而墨子勸楚王停止攻宋，也是用了類比勸說法。

墨子拜見楚王的時候，突然講起一個人的故事來：「我碰到這樣一個人，自己有華麗的車子不坐，偏偏要去偷鄰居的破舊車子；自己有絲綢衣服不穿，偏偏要去偷鄰居的破衣爛襖；自己有山珍海味不吃，偏偏要去偷鄰居的粗茶淡飯。您說這個人是不是有毛病呢？」

楚王哈哈大笑說：「這個人真奇怪，我看八成是偷上癮了。」

墨子接著說：「照我看來，貴國領土方圓五千里，宋國只有五百里，這就好比是華麗車子和破舊車子；貴國土地肥沃，物產豐富，宋國一片荒野，地瘠民窮，這就好比是山珍海味和粗茶淡飯；貴國森林密佈，宋國樹木稀少，這又好比是絲綢衣服和破衣爛襖。這樣比起來，大王派兵去攻打宋國，是不是和那個人犯了同樣的毛病呢？大王這樣做，只能使天下人恥笑大王，絕對不會有什麼好結果的！」

楚王如夢初醒，連說：「先生講得對！」

中國人向來都習慣於形象思維，很喜歡用這種打比方的說理方法，實際上這種方法的確能非常清楚地說明白道理。更為重要的是，在勸說之前，講述剛開始用來類比的小故事時，雙方之間的氣氛以及對方的情緒都是輕鬆而和諧的，一個良好的氣氛和情緒將預示著你的勸說會獲得成功。

於情於理的話更有說服性

人都是有感情的高級動物，真正鐵石心腸的人是不多的。在與人進行交談並勸說別人接受自己的觀點，或者是在尋求幫助的時候，動之以情、曉之以理，更能加重成功的砝碼。

趙惠文王崩逝，由孝成王繼位。孝成王當時還年幼，就由他的母親趙太后攝政。秦國趁機大舉攻趙，趙太后轉而向齊國求援，齊國提出了嚴厲的條件。條件是：「一定要以長安君為人質，否則就不出兵。」

長安君是孝成王最小的弟弟，趙太后最小的兒子。狹隘的母愛，使趙太后堅決拒絕齊國要求，無論重臣們如何竭力勸諫都不答應：「如果再有人要我把長安君送去當人質，我就將口水吐到他的臉上。」

然而，左師觸龍卻以迂迴誘導的辦法，寓理於情，說服了趙太后。

左師觸龍裝作若無其事地慢慢走了進去，首先抱歉地說：「我的腳有點毛病，行走困難，所以許久未向您請安，但又擔心太后的健康狀況，所以前來謁見……」

太后：「我都是以車代步。」

觸龍：「那飲食方面呢？」

太后：「都是吃粥。」

觸龍：「我最近也是食欲不振，所以我每天要固定地散散步，以增加些食欲，也可以使身體健康些。」

太后：「我可不能像你那樣。」

至此，趙太后的表情才稍稍緩和了下來。

觸龍又說：「我有個小兒子，名叫舒祺，非常不成材，真叫我感到困擾，我的年紀也大了，希望在我有生之年向太后請求，給他個王宮衛士的差事，這是我一生的願望啊！」

太后：「可以，他今年幾歲了？」

觸龍：「十五歲，或許太年輕了，但我希望能在生前將他的事情安排好。」

太后：「看來父親也是疼愛小兒子的。」

觸龍：「是啊，而且超過了做母親的。」

太后：「不，母親才是特別疼愛小兒子的。」

觸龍以為小兒子舒祺謀事做藉口，終於引出了趙太后的小兒子——長安君的話題了：「是嗎？我覺得太后比較疼愛長安君嫁到燕國的姐姐。」

太后：「不，我最疼愛的是長安君。」

觸龍說：「如果疼愛孩子，一定會為他考慮到將來的事。當長安君的姐姐出嫁時，你因不忍離別而哭泣，之後又常常掛心她的安危而掉淚，每當有祭拜時，你一定祈求她『不要失寵而回趙國』，而且希望她的子孫都能顯貴，繼承王位。」

太后：「是啊，是這樣的。」

觸龍：「那麼請您仔細想想看，至今為止，有哪位封侯的地位能持續三代而不墜的？」

太后：「沒有。」

觸龍：「不止是趙國，其他的諸侯怎麼樣呢？」

太后：「也沒有聽過這回事。」

觸龍：「為什麼呢？所謂禍害近可及身，遠可殃及子孫，王族的子孫並非全是不肖者，但是他們沒有功績而居高位，沒有功勞而得到眾多的俸祿，其最終結果就是誤了自己。現在您賜給長安君崇高的地位、豐沃的封地，卻不給他建立功績的機會，萬一您將來出了什麼意外，長安君的地位能保得住嗎？所以我認為你並沒有考慮到長安君的將來，你所疼愛的是長安君的姐姐。」

趙太后被觸龍的情理說服了：「好吧！一切照你的意思去做。」

老謀深算的觸龍採用迂迴誘導的方式取得了完全的成功。所以，在我們的日常生活中，我們要想說服別人，就必須讓自己的話像觸龍那樣講得入情入理。

第一步是**以情動人**。感人心者莫先乎情，謁見趙太后時，首先談的是生活起居，把關懷之情送進趙太后心中，造成了同病相憐的心理共容氛圍，這種做法與其年齡、身分相稱，因而使趙太后備感親切。

第二步是**就事論理**，以自己對小兒子的關心，引出趙太后對自己的小兒子長安君關心的話題，順勢將趙太后對燕后與長安君的態度作一比較，說明真正的母愛是以對子女作長遠打算為標準的。

第三步是**順題立論**，即通過趙國及其他諸侯國取得封侯地位不能持續三世的事實，說明了無功受祿的危害，在更高意義上揭示了真正的母愛的重要性。在這曲盡其妙的誘導下，趙太后能不怦然心動，翻然醒悟嗎？

當我們擁有了像觸龍一樣高深得得人心的言語技巧時，求人辦事自然也就水到渠成了。

與咄咄逼人的客戶談判要巧避「風頭」

談判場如同競技場一樣，雙方之間不僅是力量上的較量，更是智慧和技術上的競爭。如果對方是心平氣和的講理之人，我們自然可以按部就班地展開自己的論述；但有些時候，我們也難免會遇到一些言辭犀利或者沒有修養的對手，他們的出現會令許多談判新手都感到無所適從。

其實，只要掌握了一定的技巧，這樣的對手也不難對付。與他們交談時，你只要記住一點就行，要避開他們的正面攻擊，使他們相信共同致力於問題的解決才是有利可圖和卓有成效的。如果你最頑固的客戶對你的攻擊屢擊不中，那麼他自然就會放下拳頭。

那麼如何能使對方靜下心來，誘使他們接受自己的條件，既保障自己的利益，又維持良好的關係呢？下面有幾個小技巧，可以把客戶從態度強硬的思想狀態中拉出來，帶他進入雙贏的思維空間中來。

首先，**談判前先將準備工作做好**。

提前為自己構想一些優勢條件，並將它們保存起來，在談判進入僵局時，將它們一一拋出，儘量讓談判繼續下去，以從中找到可行的解決方案。例如：在談判的過程中，多談些關於售前、售中和售後服務的話題，在談判中加入培訓計畫和考察計畫，這樣就會讓對方覺得你之後所說出的價格有它的價值所在。

其次，**如果受到了攻擊，先要冷靜地傾聽**。

人們常說：「傾聽是最好的語言。」這句話對於談判同樣適用。對方在情緒激動攻擊你的時候，所說出的話很可能會暴露出他的真實意願。這就是你捕捉辯駁材料的最佳時機。何況顧客一旦進入他的思路裡，爭辯根本無法使他動搖。在這種情況下，勸說的最好辦法就是聆聽。新的資訊可以擴大活動的空間，增添變數因素數目；同時，靜靜地聆聽有助於化解怒氣；而且在傾聽的過程中，你就等於沒有做出任何讓步。

第三，**不要讓雙方的言語偏離主題**。

談判中，最重要記住一個原則：你是為了談判而來，所以你說的每一句話都該與談判有關，即使是寒暄或者別的主題，也得是能對談判有所幫助的話才行。當對方情緒激動地將話題引向別處的時候，你不必為了那些問題做出什麼辯解，而應該將他的思維儘快地拉回到談判的主題上來。例如：為了把話題重新引到你所期望的主題中來，你可以這樣說，「我們已經在這些問題上工作三個小時了，試圖達成一項公平合理的解決方案。現在，我建議重新回到價格的問題上來，看看是否能做出總結，以期讓雙方都能夠滿意。」

第四，**千萬不可讓談判的風格趨於挑釁**。

兩個處在憤怒中的「瘋子」，是不可能達成一個完美的結果的，所以你千萬要注意自己的語氣，儘量不要讓它顯示出挑釁的意味。例如：假如你說：「你使用我們的服務要比普通客戶多百分之五十，你們應該為此付費……」這必然會讓對方立刻本能地擺出防範的架勢；但如果你換種說法：「很顯然，服務是整個專案中的關鍵一項，目前你們使用的頻率比普通客戶多百分之五十，致使得我們的成本驟然上升，讓我們一起來找出一種既能降低服務成本，又能保證服務品質的辦法。」顯然效果要好得多。

第五，**起點要高，讓步要慢**。

任何一種談判中，討價還價都是常有的事。接觸過談判的人，大概都有過這樣的體驗，你的期望值越高，談判結果就越理想。就像賣衣服一樣，你如果開價三百元，對方能以一百二十元的價格買到手，就會覺得歡天喜地。但如果你開價一百五十元，那對方恐怕一百元都不願意將它買去了。

所以，你在提出條件的時候，一定要比你心裡的底線高一些。然後，你可以從一些你能做出讓步的方面開始下手做出讓步，但讓步的時候一定要慢一些，而且最好能讓對方從你的語言中感受到為難，那麼，談判的發展方向就會掌握在你的控制之中了。

另外，當你在忍受不住對方咄咄逼人的攻擊時，你還可以採取回避的態度來處理問題。比如要求休會，可以藉口說要與上司商量一下，或者重新安排會議。時間和地點的改變會使整個談判場面大為不同。

當你的客戶大聲嚷嚷或主動表示友善時，你可以保持與客戶的目光接觸，神情自然地安靜聆聽。但千萬別對客戶的行為做出任何回應性的反應，不要說「是」，也不要點頭，更不要予以鼓勵。要知道，對方這樣的說話方式最怕的就是沒有對手，當看到你沒有反應的時候，他自然會因為無趣而選擇停下。當長篇的激烈演說告一段落，你再提出你有建設性的計畫和安排也不晚。

總之，在談判時，不論對方表現如何，都千萬不要陷入情緒的陷阱中去，以至於言語激動影響了談判的進程。你要學會巧避「風頭」，讓對方在最短的時間內自覺地收起他咄咄逼人的氣勢。

對方越急，你越要「小火慢燉」

談判成功的主要秘訣，就是要儘量讓自己處在一個主動的位置上，當對方說話心不在焉時，你要主動出擊，將他引入軌道。而當對方急著要說明情況和想法的時候，你就要慢下來，表現得越從容越好。

談判時，碰上情緒激動的人或者是令人情緒激動的事情，先不要反對他的意見。閉上嘴，順勢為他們點支香煙，或倒杯茶，做出從容不迫的樣子。這樣，即使對方是滿懷怒氣而來，也會被你的瞬間沉默和客氣的舉動給震懾住。常言道：「伸手不打笑臉的人」，一來你的態度使他不好意思發作，二來你的步調又與他不相配合，使他感到十分洩氣。於是他的情緒也就會逐漸冷靜下來。

假如在談判中，你遇到的是一個已經急於表達自己的人，對著他大談特談，用盡機智，可能都無法達到預期效果。因為對方根本沉浸在自己的言論和思想之中，哪裡有工夫來品味你的語言藝術呢？結果是對牛彈琴，白白浪費唇舌與心機。

所以，你一定要先慢下來，不要急著反駁或者解釋。而且對方越是情緒激動或者急不可耐，你越要擺出一副「小火慢燉」的姿態來，等對方情緒平靜下來開始期待你的語言時，你的談判就已經成功了一半。然後在這個基礎上發揮你的語言優勢，借助對方的某個觀點，使對方陷入兩難的境地，你就勝利在望了。

談判中巧妙地處理反對意見

談判能夠一帆風順地按照自己既定的路線發展和前行，是每個參與談判的人都夢寐以求的事情。但是，由於雙方立場以及談判人的個性不同，所產生的意見也就會有所差別。我們不僅要積極地應對這些意見，而且要應對得巧妙。

一、處理反對意見的原則

一般來說，處理反對意見的大體原則有以下幾點。

第一，當對方提出反對意見時，不要急著做出反應，而要先辨析一下他提出反對意見屬於哪一種形式。如果對方提出的只是一般性的反對意見，那麼，你不必過於認真，只要恰當地解釋說明就可以。但如果是偏見或成見的話，就不要急於去駁斥，要儘量分析其形成的根源。然後，以此為突破口，證明他的見解不符合實際。

而區別不同類型的反對意見，最簡單的辦法就是提問。你可以用類似「你這樣講的根據是什麼呢？」「為什麼會這樣想呢？」這樣的問題來試探對方。他回答的越是遲疑，多半就表明他提出反對意見的理由越不充分。而你從他的回答裡，可能會發現他提出意見的真正目的，並及早對症下藥，予以消除。

第二，回答對方的反對意見時，要保持冷靜、清醒的頭腦和謹慎平和的態度。如果你滿是憤懣地回答對方的問題，會使對方產生誤解，認為你對他有看法。這樣，要想說服也就更困難了，甚至還會遇到對方強烈的抵抗。所以，保持平和、友好的態度是十分必要的。

第三，回答對方的問題，盡可能地簡明扼要些，不要離題太遠。囉嗦的長篇大論往往可能會引起對方的反感，也給了對方更多的思考空間和進一步反駁的口實。你只要回答對方提出問題的疑點就可以了，必要時，再加以適當的解釋和說明。例如，對方問：「難道你們不能早一點交貨嗎？」你可以說：「前面我們在討論產品的規格、品質時，已經講到了產品的生產週期，我們正是根據這些來推算交貨期限的，恐怕不能提前了。」這樣的回答已經足夠，而沒必要再一次去闡述產品生產週期的問題。

第四，回答對方反對意見的時機也很重要。這不僅會有利於避免矛盾衝突，還會增加說服效果。當你預料到對方可能提出某種意見時，可以搶先把問題指出來。這樣，你就能處在一個主動的地位上，先發制人，引導對方按照你的思路去理解問題。當對方提出的問題不好當場回答或者有一定難度時，你可以把問題岔開，等時機成熟或者思考清楚後再予以回答。此外，還有些意見會隨著談判的進展而消失，你可以不必回答。

二、常遇到的反對意見

在掌握了這些基本原則之後，我們還要針對不同的意見類型，具體分析，找出一個最恰當的解決方案來。我們在談判中常見到的反對意見有以下幾種。

第一，一般性的不同意見。當一項提議拿到談判桌上來，另一方就可能會提出不同意見或疑問，這種問題比較常見。有些是由於提議帶有明顯的偏頗，但即使是對雙方都有利的提議，也會遭到反對。這是出於談判中的一種逆反心理。所以，遇到這樣的問題，不要過多地美化自己的提議，只要簡單解釋就好，否則，你介紹的好處越多，越容易引起對方的疑心，遭到對方的反對。

第二，瞭解情況的要求。如：「這種材料的品質為什麼比價格貴的還好呢？」「我們不能同意你們的這個做法，除非你們能做出恰當的解釋。」這樣的反對意見，主要目的是要多瞭解詳細情況，基本都是建立在對方誠意或善意的基礎上，所以比較容易處理。處理這種意見一定要舉出令人信服的、以事實為根據的證據。表達也應婉轉些，讓對方明白我方之所以這樣做的理由。

第三，藉口。這不是真正的反對意見，而是對方出於某種原因但又不方便或不好意思說明而找的理由。在有些情況下，不必過多地周旋於這種「理由」問題，因為即使你消除了這些藉口，對方也不會與你達成最終協定，弄不好還會對他的藉口進行辯護，使藉口轉化為真正的反對意見。回避是不錯的處理方式，你可以裝作沒聽見，也可建議對方回頭再討論，隨業務洽談的進展，對方就很可能就會改變意見了。

第四，自我表現式的不同意見。對方會因自己掌握某些情況，或說明他有獨立見解，不易被說服而提出不同意見，通常還會列舉他認為是正確的有說服力的事例。這種人一般比較注重面子，所以，我們最好不要急於駁斥，要讓對方把意見講完，必要時也應予以肯定，要保護其自尊不受傷害，但也不能怕失去交易盲目迎合，可以用事實去間接指出或暗示他講的不正確或者有偏差。

第五，偏見與成見。這是最難處理的一種反對意見，因為它帶有較強感情色彩的主觀性色彩。對方可能出於先入為主的印象，片面強調某一點。那麼，你用擺事實、講道理就很難改變他的看法，因為對方的看法帶有一定的感情成分，有些則是由於不同文化背景形成的根深蒂固的觀念。對於這種意見，你說話時語態一定要平和，要在不影響磋商合同條款的前提下，盡可能避免討論由偏見引起的分歧。千萬不要觸動他們執拗的神經，否則談判的成功率就會很小了。

第六，惡意的反對意見。這種反對意見的目的是給對方出難題，有意攪亂視聽。處理這類反對意見，一定要冷靜、清醒，不要魯莽行事，大動肝火。可以假裝沒聽見，也可以義正詞嚴地指出其錯誤，要根據當時具體情況，採取幽默等方式消除對方的火氣，盡可能地將惡意的反對變成一般的意見，事情處理起來就容易多了。

商務談判中提問的技巧

在商務談判中，我們要掌握對方心理，表達自己感情，最直接的手段就是提問。重視和靈活運用發問的技巧，不僅可以引起雙方的討論，獲取資訊，而且還可以控制談判的方向。但是「問」是很有講究的。哪些問題可以問？哪些問題不能問？為了達到某一個目的應該怎樣問？等等，都是我們要成為一個談判高手要掌握的技巧。

常用的商務談判中的有效提問類型一般有以下幾種。

一、封閉式發問

這是一種可以引導對方給予特定的答覆的問句。例如：「您是否認為售後服務沒有改進的可能？」「您第一次發現商品含有瑕疵是在什麼時候？」等。如果你要明確地知道一件事情和一個問題，就要採用這樣的方式來發問，封閉式問句可令發問者獲得特定的資料，而答覆這種問句的人並不需要太多的思索即能給予答覆。這種問句由於力度較強，所以有時會給人一種威脅性。

二、引導性的問題

當對方不感興趣、不關心或猶豫不決的時候，我們就可以使用這種問句。比如：「談到現在，我看給我方的折扣可以定為百分之四，你方一定會同意的，是嗎？」「既然我們已經在價格上僵持了這麼久，那麼你為什麼不去考慮一些在這樣的價格上能添加什麼附加條件嗎？」這種問句其實是在變相地幫助對方做決定，如果對方不同意，也可以瞭解對方的進一步想法，以使談判繼續進行。

三、探索式發問

這是針對對方的答覆要求引申或舉例說明的一種問句。如：「你有什麼保證能證明貴方可如期履約呢？」這種發問方式不但可以進一步發掘較為充分的資訊，而且還可以顯示發問者對對方答覆的重視。

四、澄清式發問

這是針對對方的答覆，重新措辭以使對方澄清或補充原先答覆的一種問句。如：「您剛剛說上述情況沒有變動，這是不是說你們可以如期履約了？」

這種問句的作用在於：它可以確保談判各方能在敘述「同一語言」的基礎上進行溝通，而且還是針對對方的話語進行資訊回饋的有效方法，是雙方密切配合的理想方式。

五、間接式問句

這是借著第三者意見以影響對方意見的一種問句。如：某某先生也認為你們的產品品質可靠嗎？採取這種提問方式時，應當注意提出意見的第三者，必須是對方所熟悉而且是他們十分尊重的人，這種問句會對對方產生很大的影響力。

六、強調式發問

強調式發問旨在更加堅定地表明己方的觀點和立場。比如：「這個協議不是要經過公證之後才生效嗎？」「我們怎能忽略掉為這些方案而投入的人力成本呢？」等。

七、強迫選擇式發問

這是將穩步發展的意見拋給對方，讓對方在一個小範圍內進行選擇的問句。如：「原定的協議，你們是今天實施還是明天實施？」運用這種提問方式要特別慎重，一般應在己方掌握充分主動權的情況下使用，否則很容易使談判出現僵局，甚至破裂。要儘量做到語調柔和、措辭達意得體，以免給對方留下強加於人的不良印象。

八、協商式發問

協商式發問是指為使對方同意自己的觀點，採用商量的口吻向對方發問。例如：「你看給我方的折扣定為百分之三是否妥當？」這種提問，語氣平和，對方容易接受。

九、證明式發問

這種形式的發問旨在通過己方的提問，使對方對問題做出證明或理解。例如：「為什麼要將計畫更改成現在這個樣子，請說明道理好嗎？」

除了能夠根據不同情況採用不用形式的問句之外，提問的時機也很重要，它常常關係到你的提問能否收到預想的效果。

你可以在對方發言完畢之後提問。當對方發言的時候，最好不要打斷，也不要急於提問，否則會顯得不禮貌，容易引起對方的反感。在對方發言的過程中，你要認真傾聽，發現了對方的問題後，可先將其記下來，待對方發言完畢再提問。如果談判中，對方發言冗長、而且不得要領或離題太遠的話，你可以借他停頓、間歇時提問。例如，當對方停頓時，你可以借機提問：「您剛才說的意思是？」「這些問題我們以後再談，請談談您的主要觀點好嗎？」

也可以在己方發言前後提問。在談判中，當輪到己方發言時，可以在談自己的觀點之前，對對方的發言進行提問，不必要求對方回答，而是採用自問自答的形式。這樣可以爭取主動，防止對方接話，影響己方的發言。

另外，在提問時，還有幾點需要注意：要避免提出那些會阻礙雙方讓步的問題，不要提帶有敵意或者有關對方個人生活和工作的問題，不要提直接指責對方品質和信譽方面的問題，更不要為了表現自己而故意提問。

而且，要注意提問的態度要讓人看起來誠懇，所提問題的句子儘量簡短一些，既不要以法官的態度來詢問對方，也不要接連不斷地提問題。提問過後，應閉口不言，專心致志地等待對方做出回答，不要強行追問。

我們在商務談判中，之所以會提不出好問題，往往是因為事先沒有做好充分的準備，或是只喜歡表達而不願意傾聽，抑或缺乏毅力去繼續追問答案不夠完整的問題，總是輕易就放棄了等。這些問題都是可以克服和解決的。只要掌握了恰當的提問技巧，相信你在今後的商務談判中一定會成為一名無往不勝的高手。

談判中說「不」的技巧

較量、讓步都是談判中的常態，而很多時候，拒絕也是不可避免的事情。而且所謂拒絕的話，一定要說得果斷，但說「不」也是一種藝術，若態度死板、武斷甚至粗魯，會傷害對方，使談判出現僵局，導致事與願違。高明的拒絕否定應審時度勢，隨機應變，有理有節地進行，以使雙方都有迴旋的餘地，從而達到成交的目的。

以下是說「不」技巧，供談判者借鑑——

一、移花接木巧說「不」

在談判中，對方要價太高，自己無法滿足對方的條件時，可移花接木或委婉地設計雙方無法跨越的障礙，這樣，既表達了自己拒絕的理由，又能得到對方的諒解。如「很抱歉，這個超出我們的承受能力」、「除非我們採用劣質原料使生產成本降低一半，才能滿足你們的價位」等，暗示對方所提的要求是可望而不可即的，促使對方妥協。也可運用法律、制度、慣例等無法變通的客觀限制。如「如果法律允許的話，我們同意，如果物價部門首肯，我們無異議」等。

二、以肯定的形式說「不」

人人都渴望被瞭解和認同，可利用這一點從對方意見中找出彼此同意的非實質性內容，予以肯定，從而產生共鳴，造成「英雄所見略同」之感，借機順勢表達不同的看法。

三、在幽默中表達「不」

無法滿足對方提出的不合理要求時，在輕鬆詼諧的話語中，讓對方聽出弦外之音，這樣，既避免對方難堪，又轉移了對方被拒絕的不快。

四、迂迴補償式說「不」

補償法是在拒絕對方的同時，給予某種補償。這種補償往往不是「現貨」，即不是可以兌現的金錢、貨物、某種利益等。相反，可能是某種未來情況下的允諾，或者提供某種資訊、某種服務。這樣，如果再加上一番並非己所不為而乃不能為的苦衷，就能在拒絕了一個朋友的同時，繼續保持你和他的友誼。

最後，在拒絕的時候，還必須注意以下兩點——

第一，要明白拒絕本身是一種手段而不是目的。

這就是說，談判的目的不是為了拒絕，而是為了獲利，或者為了避免損失，一句話，是為了談判成功。這一點似乎誰都明白。

縱觀談判的歷史，尤其在激烈對抗的談判中，不少談判者被感情所支配，寧可拒絕也不願妥協、寧可失敗也不願成功的情況屢見不鮮。他們的目的似乎就是為了出一口氣，這是不可取的。

第二，該拒絕的時候要果斷拒絕。

有的談判者面對老熟人、老朋友、老客戶時，該拒絕的地方不好意思拒絕，生怕傷害到對方的面子。

其實，該拒絕的地方不拒絕，不是對方沒有面子，而是你馬上就可能沒有面子。你想想，你打算要拒絕的地方，往往是你無法兌現的要求或條件。假如你不拒絕對方，又無法兌現，這不意味著你馬上就要失信於對方，馬上就要沒有面子了嗎？

所以，還是果斷地將「不」說出口吧！千萬別幹那種因小失大的傻事。

談判桌上講錯話，及時退讓不如死不改口

很多時候，我們在與人談判時，如果自己說錯話或者報錯了價，都會習慣性地去糾正或者退讓，以期能挽回一些什麼。但是，很多時候，我們卻正是因這樣的退讓而吃了更大的虧。

如果你不慎說了一些錯話，或做錯了某件事情，不要馬上輕易地改口認錯，要給人一個你仍然很正確的感覺。否則，會使對方掌握主動權而造成損失。

明明講錯了，或講出不妥的話，卻堅持不改口，這種方法雖有點近於不講理，但在談判中卻相當有效。輕易地改口，往往會招來許多麻煩。所以有時不如來個「死不改口」，要堅持「自己有理」的態度，就不可失去冷靜和理智，尤其是千萬不要向對方說出諸如「到底怎麼辦」之類的話。

當然，不是說任何情況下都不改口，而要具體情況具體分析。總之，在談判中，要儘量避免對方利用你的改口，抓住你的小辮子不放，而將你置於不利的境地。

第九天 言之有隱

——嘴上帶把尺，最好點到為止

人際關係中很多不愉快的事，起源多在口無遮攔或者是不給對方餘地，所以學會委婉地表達自己的意思，就顯得尤為重要。一個聰明人在與人交往的過程中，是從不會把話說死、說絕，說得對方臉上無光沒有臺階可下。

即使是好話也要找準時機說

中國的語言博大精深，一個詞語在不同的場合常常會有多種不同的含義。所以，在說話的時候，要考慮清楚，不能毫無顧忌地亂說。就像你原本是好心好意幫助別人，卻用錯了方式，也會落個「好心沒好報」的結局。說話也是一樣，就算你說的是好話，也要找準時機說，否則也會造成誤會，使效果適得其反。

我們經常會看到這樣的景象：一個人在那裡口若懸河地講，即便是在誇獎對方，可對方還是緊縮眉頭，對這個人說的話題根本就不感興趣，最後，找個藉口便溜掉了，這就是時機的問題。

不管一個人說話的內容有多麼精彩，如果時機掌握不好，也就無法達到有效說話的目的。

古人云：「山不在高，有仙則名；水不在深，有龍則靈。」說話也是如此，話不在多，點到就行；話不在好，時機對就行！凡事都講究恰到好處，「過了」或者是「不及」都不是一種完美的表現。在現實生活中，與人交往也是如此，說好話更是如此。

掌握好說好話的時機，是每個想掌握高超言談技巧的人的必修課程。因為一句話，如果你說的不是時候，即使你的話再好，再動聽，也不能起到好的作用，還會給你帶來反面的效果，屆時你會賠了夫人又折兵，很不划算。因此，要學會根據對方身分等條件決定自己說話的內容。

一個人的一生不可能只關心一個話題，更不可能只是一個心情，永遠保持不變。如果你要讓對方變得願意聽你的講話，或者接受你的觀點，你就得學會在適當的時機說適當的話。就好像一個棒球運動員，即便他有良好的技術、強健的體魄，但是如果他沒有把握住擊球的那個決定性瞬間，偏早或偏遲，棒就落空了，從而前功盡棄。

對話是雙方進行交際的基礎，雙方有對話才有交流，有交流才能產生情感。如果把交談變成一個人的獨白，即使你講得再眉飛色舞，也沒有人為你鼓掌喝彩，所以，能說善侃者切忌扮演「一言堂主」的角色，就如同你一個勁地給對方說好話，如果對方聽不進去那也不會有什麼好的效果。

因此，交流時要善於選擇雙方都感興趣的話題，這樣也就能更好地交流，對方也比較容易接受。

另外，在交談的雙方中，由於各人的閱歷不同，對事物的認識也就不盡一致。因此，在這種時候說好話，就得根據對方的閱歷和對事物的認識現狀作相應的調整。

比如你面對的是一個閱歷不高，對事物認識很淺顯的人，說好話時就要把水準降到與之相應的位置，太空、太大的話會讓對方覺得你是在拿他尋開心；相反你面對的是一個有見解的學者，就必須用一些高層次的好話來滿足對方的虛榮心，這樣也就能給對方留下一個比較深刻的印象。

但無論是怎樣的好話都要選對時機，如果你在一個人心情不好或者是工作不順利的時候去誇讚他如何出色，就很可能會事與願違。

還有一點需要注意的是，每個人都有表現欲，他們渴望在交談時被認可、被讚賞。所以交談時，要適當地留一點空間給對方慢慢地品味。而不能一味灌輸你的甜言蜜語。如果只顧自己滔滔不絕地誇讚，而不注意對方的感受和態度，就勢必會給人留下不好的印象，好話也就變成空話了。

不要咄咄逼人，要給對方臺階下

在任何人的內心深處，都張著自尊的網，適時地給別人臺階下，才能求得人際的和諧。但是，現在仍有不少人視「錙銖必較」為美德，即使因言語不當而產生矛盾，他們也每每以「我這人就是喜歡說實話」為理由替自己開脫。當一個肆無忌憚地揮動著道理「鞭子」的人，闖入這片希望自己掌握的內心領域時，就會引發對方強烈的抗拒。

永遠不要在所有問題上都太過較真，擺出一副咄咄逼人、不得勝利誓不甘休的架勢來，那只會引起別人的反感。而如果你能有巧妙的語言將一個人從尷尬的境地解救出來，他自然會對你感激不盡。

給別人臺階下，是一個非常高明的舉動，他體現了你對別人的寬容和諒解，又給自己贏得了朋友。記住，給別人面子，就等於給自己面子；給別人一個臺階下，就等於給了自己一個世界。

不要將自己的意見強加給別人

喜歡按照自己的意願購買東西或照自己的意思行動，希望別人在做事時徵詢自己的願望、需求和意見而不喜歡別人妄作主張，這些都是人之常情。但是有些人在試圖說服別人的時候，卻往往忽略了對方心理上的這一點。

因為被一種佔有和控制的欲望驅使著，他們希望別人按照自己意願從事，所以不加考慮地就把自己的意見強加給別人。但是這種一意孤行的做法往往會落空，因為沒有人喜歡被他人支配。

孔子說：「己所不欲，勿施於人。」在溝通的時候，千萬不要把自己的觀點強加給對方，否則就會造成對方的不樂意，使得溝通不暢。

老子曾說過這樣的話：江海之所以能為百谷之王，是因為懂得身處低下，方能成為百谷之王；聖人若想領導人民，必須謙卑服務；聖人若想引導人民，必須跟隨其後。

如果仔細想來，這席話會對我們大有益處。因為，人們都喜歡擁有自己獨立的思想，沒有人喜歡接受推銷，或被人強迫去做一件事。所以，即使達不到有效勸服別人的目的，聰明的人也不會把自己的意見強加給別人，因為他們知道，要想通過說服某人來達到某些目的，事先徵詢意見比自己擅自作主張、把意見強加給別人要好得多。

直接提出不贊同的意見會招人反感，並且在這種情況下別人根本沒有心思去聽你的意見。即使你用最溫和的措辭，要改變別人的意志，也是極不容易的，既然知道自己這樣做很難打動別人的心，為什麼不讓自己換一種方式呢？

耶穌曾經這樣說過：「趕快贊同你的反對者。」換句話說，別跟你的顧客、愛人或是敵手爭辯，別指責他錯了，別激怒他，不妨先尊重他的意見，再以退為進。如果有人把他們的觀點硬塞給我們，相信我們也是無法接受的。

如果你要提出你的異議，千萬不要說「我覺得你的方法不好」「我有更好的方法」之類的話，那樣會讓對方覺得有挫敗感而產生抵觸心理。

對於這樣的情況，你完全可以換一種方式來表達。比如「好吧，讓我們來探討一下」、「我有另外一種看法」、「我的意見不一定正確，因為我也經常把事情弄錯，如果我錯了，我願意改正過來」。這樣的話讓別人接受起來就顯得容易多了。

溝通不是招安勸降，所以千萬不要把自己的觀點強加給別人。溝通難，就難在如何以理服人，以情動人；溝通可貴，也貴在以理服人，以情動人！

幽默嘲諷，也要與人為善

具有幽默感的人，往往是招人喜歡的。他們也會用幽默的嘲諷來作為武器，來批評別人，或回擊別人惡意的進攻。但對於聰明的說話高手們而言，即使是帶有嘲諷意味的玩笑，也是說得詼諧而不失風度、滑稽而不粗俗、精練而不繁冗的。因為他們明白「幽默嘲諷，也要與人為善」的道理。

他們善意的嘲諷可能只是短短的幾句話，或者簡單的行動，卻常常能勝於千言萬語的描述與雄辯，使別人明白你要表達的事實和道理，並輕易地接受、為之折服，達到勸解、說服的效果。

秦始皇吞併六國前，意欲擴大御花園，大量飼養珍禽異獸，但是這要消耗許多民力國力，可是皇上的命令誰都不敢違抗。

當時，有個侏儒叫優旃，能言善辯，他對秦始皇說：「這個主意很好，多養珍禽異獸，敵人就不敢來了，即使敵人從東方打過來，只需下令梅花鹿用角把他們頂回去就可以了。」

這實際上是有意把鹿的作用誇大到不可能的地步，使秦始皇從這種荒謬性中想到必須養精蓄銳以對付可能來犯的各種敵人。秦始皇聽後，終於收回成命，聽從了他的勸諫。

就像勸諫一樣，即便你用的是開玩笑諷刺的方式，出發點也必須是善意的，才能讓對方接受，否則只能自己落個尷尬。

宋代時，一女子生了一對雙胞胎，左鄰右舍去看望，一位教書先生不懷好意地同孩子的父親開玩笑道：「這兩個孩子哪一個是先生的？」

孩子的父親馬上反應過來，幽默地回敬：「不管哪個是先生，哪個是後生，都是我的孩子。」

眾人一聽哈哈大笑，教書先生只得灰頭土臉地溜走了，以後再不敢仗著一點淺薄的學識而惡意地譏諷別人了。

如果有人找樂子拿你開玩笑，對你進行辛辣的嘲諷，令你無法接受，你也無須板起臉丟失了自己的風度，而完全可以運用幽默這一有力武器，進行回擊，以扭轉自己的被動境地，並向其他人展示你的機智應變能力。

當然，即便你的嘲諷是善意的，也要分對象，除非是特別熟悉的人，或者你的善意非常明顯。否則就不要隨便拿嘲諷開玩笑。

同樣，如果有人用「善意的嘲諷」對你時，如果你不喜歡，但為了避免場面變得尷尬，就裝作聽不懂，說：「對不起，你說什麼？」這樣的回應會讓對方知道這種幽默方式行不通。他們可能會跟你道歉或是跟你說他們只是跟你開玩笑而已。

總之，幽默是好「東西」，但要用對了地方，把握好了分寸才能達到理想的效果。所以，在用幽默嘲諷別人的時候，切忌言語刻薄，或者「投放量」過當。否則，就很可能陷入難堪的境地中了。

同事升職變領導，不能再談笑無忌

職場是一個風雲變幻的場所，也許今天某人還是坐在你旁邊跟你談笑無忌的同事，明天就有了自己的辦公室，成了你的頂頭上司。這一點在進入職場的時候，你就應該學會接受。但是，在接受的同時，你還要注意，對方的身分已經變了，那你說話的方式也就要隨著變一變了。

假使你與升了職的同事一向都關係良好，私下無人的情況下指名道姓，甚至稱兄道弟都在情理之中，也顯得親切。而在場面上，尤其是有外人在的一些聚會，如果你仍然不顧身分、地位與對方表現得過分親密和隨便，難保他不會在心裡給你定個「不尊敬上司」的罪名，從此疏遠於你。

不管你們曾經的關係多麼鐵，當對方變成了你的上司，在身分上，你們就已經不再平等。不管你承認與否，都要接受這個事實。這時候，作為上司，他需要你的友誼，更需要你的尊重。上司畢竟是上司，即便在私底下，你們仍然能保持良好的私人友誼，但是或者是平時在辦公室談笑時，一定要表現出你和他身分的差別，不要再口無遮攔地挑戰他的底線，而是要學會充分地尊重他，給他足夠的面子。

既要說服對方，也要給對方留足面子

許多人把面子看得比什麼都重，所以，會說話的人在說服別人的時候，也懂得給人留面子，在必要的時刻給對方一個臺階下。

那些說話高手在說服對方改變主意的時候，一定不會揭穿他人的謊言，免得使人下不了臺。為了不傷人面子，你可以在談話中，給對方鋪臺階，可以假定對方在一開始時沒有掌握全部事實。

一般情況下，精於說話之術的人會這樣說：「當然，我完全理解你為什麼會這樣想，因為你那時可能還不知道有這回事。在這種情況下，任何人都會這樣做的。」或者：「最初，我也是這樣想的，但後來當我瞭解到全部情況，我就知道自己錯了。」這樣就在說服的過程中拉近了兩人的關係，讓對方更容易接受。

人們都有因為一時衝動做錯事、說錯話或者得罪人的時候，當對方有意或者無意地冒犯到你的利益或者做了需要糾正的錯事時，如果你以牙還牙，只會使事態變得更嚴重。

我們在說服別人改變初衷的時候，不妨給對方留足面子，這樣會使對方產生愧疚感，自動改正錯誤，悄然達到說服的目的。

直率不等於「痛」言無忌

說話直爽，常被人們當做一種優點。但在生活中，卻有這樣一種現象，同樣是直來直去的人，有的人處處受到歡迎；而有的人卻處處得罪人，人們都不願意與他交往。

要知道，直爽並不等於言語毫無顧忌，口無遮攔絕不是豪爽的表現，而且還可能成為你人生或事業發展的最大的絆腳石，所以，在說話中，把握好說話的分寸很重要。否則，即便你是出於無心，也會讓對方聽著覺得有點「痛」，甚至傷害到對方的自尊。

有人說說話直爽是出於習慣，其實，要改掉這個習慣並不難。

首先，**你要意識到有什麼說什麼可能導致的後果**。一般喜歡直言直語的人說話時常只看到表面現象或問題，也常只考慮到自己的「不吐不快」，而不去考慮旁人的立場、觀念、性格。你的話有可能是隨口一說，也有可能鞭辟入裡。前者對方明知是「無心」，所以就不好發作，只能悶在心裡；後者則因為直指核心，讓當事人不得不啟動自衛系統，要麼奮起反擊，要麼懷恨在心。所以，直言直語不論是對人或對事，都會讓人受不了。這樣你的人際關係就出現阻礙，別人就離你遠遠的，免得一不小心就要承受你的打擊。

其次，**要分析你直言直語的原因以及帶來的成果**。喜歡「直言直語」的人一般都具有「正義傾向」的性格，言語的爆發力及殺傷力也很強。所以，有時候這種人會變成別人利用的對象，鼓動你去揭發某事的不法，去攻擊某人的不公。不管成效如何，這些人總會成為犧牲品：成效好，鼓動的人坐享戰果，你分享不到多少；成效不好，你必成為別人的眼中釘，成了別人的替罪羊。

認識清楚了這兩點之後，大概你就不再會有什麼說什麼了。這樣既不利己又不招人喜歡的事情何必去做？

另外，與人交談中還有兩點「忌諱」需要注意。

一、不要探問別人的個人隱私

你不妨回過頭來檢查一下自己：是不是忽略了場合，說話方式是不是觸及了別人的隱私？同樣是提意見，為什麼不以好的方式達到預期的效果呢？說話時先為對方著想，不要動輒以教訓的口吻指責別人，要注意維護對方的自尊。這樣你就會成為一個受歡迎的直率人。

在與人交往中，為了避免引起別人的不快，一定要避免探問對方的隱私。熱衷於打聽別人隱私的人是令人討厭的。人們似乎都有一大愛好，那就是特別注意他人的隱私，而且尤以注意名人的隱私為重。那些街頭小報一旦出現了一篇有關某某名人的隱私，如「某某離婚揭秘」「某某情變內幕」之類，就容易被哄搶一空。

在你打算向對方提出某個問題的時候，最好是先在腦中過一遍，看這個問題是否會涉及對方的個人隱私，如果涉及了，要盡可能地避免，這樣對方不僅會樂於接受你，還會因你在應酬中得體的問話與輕鬆的交談而對你留下好印象，為繼續交往打下了良好的基礎。

二、不能當眾揭對方的隱私和錯處

心理學研究表明：誰都不願把自己的錯處或隱私在公眾面前「曝光」，一旦被人曝光，他就會感到難堪甚至惱怒。因此，如果不是為了某種特殊需要，都應儘量避免接觸這些敏感區，以免使對方當眾出醜。必要時可採用委婉的話暗示你已知道他的錯處或隱私，讓他感到有壓力而不得不改正。

知趣的、會權衡的人只需「點到為止」，一般人是會顧全自己的臉面而悄悄收場的。當面揭短，讓對方出了醜，說不定對方會惱羞成怒，或者乾脆要賴，出現很難堪的局面。至於一些純屬隱私、非原則性的錯處，最好的辦法是裝聾作啞，千萬別去追究。

所以，說話小心些，為人謹慎些，使自己置身於進可攻、退可守的有利位置，牢牢地把握說話的主動權，無疑是有益的。一個毫無城府、喋喋不休的人，會顯得淺薄俗氣、缺乏涵養而不受歡迎。西方有句諺語說得好：上帝之所以給人一個嘴巴，兩隻耳朵，就是要人多聽少說。

雖說「忠言逆耳利於行」，但是不是每個人都能坦然接受你的直言不諱。其實，幾乎每個人都有一個內心堡壘，需要將真正的自我隱藏在裡面才會覺得安全，即使你最好的朋友在你面前也一樣需要這樣的安全感。而你的直言直語恰好把這堡壘攻破了，把藏在裡邊的人生生地揪了出來，赤裸裸地暴露出來當然會讓人覺得不爽，他怎麼能對你產生好感呢？

有些人則喜歡指出朋友的不足與毛病。這些缺點，其實對方多半都是知道的，而且有些是心中的傷痛，因此你沒必要將它們明晃晃地展現出來，特別是有第三者在場的時候，那樣會讓你的朋友覺得很難堪。

沒有尊重就沒有友誼。世上沒有十全十美的人，所以我們也沒有理由要求朋友這樣做那樣做，因為有時我們自己也不曾去做。朋友在有些方面存在缺陷，我們沒必要也不應該用傲慢和污蔑去代替可貴的「尊重」。我們要清楚：自己有可能有些地方還存在缺陷，存在不足。將心比心，我又會怎麼樣呢？如果我們尊重朋友，也就會得到朋友的尊重。那麼，生活中的許多怨恨、糾葛，都會沒有了。

因此，在與人交往的過程中，要切記言多必失。儘量能不開口就不要開口；必須開口的時候，一定要照顧到對方的自尊，做到語言婉轉、點到為止。這一點不論是對朋友還是其他的人都同樣受用。

給自己留有餘地，不要把話說得太滿

一般下廚房做菜的人都有一個習慣，先要少放鹽，待味淡時再加，如果一開始時放太多鹽，一旦味道鹹了，就難以改淡了。說話也是一樣，俗話說得好「人情留一線，日後好見面」。話不說滿，留有餘地，日後方能進退自如，收斂從容。

有些人總喜歡給人打包票，把話說得滿滿的。事情圓滿了當然是皆大歡喜，萬一出了意外，給別人留下了話柄不說，還有可能為自己帶來麻煩。聰明人在說話時，要懂得給自己留餘地，即採取恰當的方式、巧妙的語言，對別人的請求或者是意見做出間接的、含蓄的、靈活的表態，而不是直截了當的斷定，以避免最後事與願違的尷尬和責任的承擔。

所以當別人徵求你意見的時候，在闡述自己想法的同時，一定要注意運用「模糊表態」的方法，千萬別忘了加上一句「這僅僅是我個人的想法，還要看上級的最終的決策」之類的話，這樣不僅表達了自己的看法，關鍵時刻還能達到明哲保身的目的。

有時候「模糊表態」還可以作為拒絕別人最佳方法，既留給了對方的面子，也不會讓自己為難。它可以給對方保留一點希望之光，有利於穩定對方的情緒。要求你解決或答覆問題的人，內心總是寄予著厚望的，希望事情能如願以償，完滿解決。如果突然遭到生硬的拒絕，由於缺乏必要的心理準備，很可能因過分失望或悲傷，心理上難以平衡，情緒難以穩定，產生偏激言行，有礙於人際交往。相反，倘若話尚未完全說死，則使他感到事情並非毫無希望，也許經過更多的努力或者過一段時間機會降臨，事情會向好的方向轉化，因而情緒趨於穩定。

凡事沒有必然的定法，並不是說在任何情況下都要「模糊表態」。任何事情的發展變化都得有個過程，有的還得有一個相當長的演變過程。當事情處於發展變化初期，實質性的問題尚未表露出來，這就難以斷定其好壞、美醜、利弊或勝負。這時，就需要等待、觀察、瞭解和研究，切不可貿然行事，信口開河地去下定論瞎承諾。

如果事情發展方向最終對頭了，倒是歡喜暢快、相安無事；假設事與願違，讓別人揪住話柄，只能是自己吃不了兜著走了。

日常生活中，朋友之間相互幫忙，向朋友許諾是常有的事。但是，許諾的話好講，日後兌現不了難辦。因為這會導致自己的「信任危機」，並會給朋友之間日後的交往帶來難以逾越的障礙。因此，在你必須做出承諾的時候，首先要考慮自己實現諾言的實力，承諾不應超過自己的能力範圍。也就是說，許諾時一定要考慮到「踐諾」的可能性。任何時候，我們都不能光憑良好願望甚至主觀想像去許諾。離開客觀實際和條件許可，隨意向別人許諾，雖然一時可以用你的諾言滿足對方，但是，這「慷慨」帶來的苦果卻要由你一人來吞食。

其實，生活中的很多尷尬是由自己一手造成的，其中有一些就是因為話說得太絕的緣故。說話時，多些考慮，留有餘地，總能給自己留條後路，這在外交辭令中是見得最多的，每個外交部發言人都不會說絕對的話，要麼是「可能，也許」，要麼是含糊其辭，以便一旦有變故，可以有迴旋的餘地。

話不說滿，就是指要把話講得更具彈性，秉承滴水不漏、恰如其分的理念，給自己留下一個仔細考慮、慎重決策的餘地，以便在交際中如虎添翼。否則，君子一言，駟馬難追，不僅會給人際關係造成不應有的損失，還會因此影響自己的前途和聲譽。

第十天 言之有忌
——說話謹慎，切忌口無遮攔

「龍有逆鱗，人有禁忌」。與人交往，萬不可口無遮攔。一旦觸碰了別人的逆鱗，就會使對方難堪，甚至憤怒。古人講大丈夫要慎言慎行，就是告誡人們說話一定要先過大腦，說出去的話，如同潑出去的水一樣覆水難收，因此一定要左右權衡再開口。

不要輕易揭朋友的「老底」

人際交往中，每個人都有一根敏感神經，那就是「缺點」和「舊傷」。

如果你想得到對方的欣賞和幫助，就應該多提對方的優點，而決不要提及對方的缺點，揭示對方的舊傷。與朋友相處亦是如此，千萬不要輕易揭穿朋友的「老底」。

「老底」就是指缺點和不足、曾經的尷尬、舊痛傷疤、短處和別人不高興談論的話題等，它是人際交往中的一塊「雷區」，如果你踩到了，很可能炸傷自己。因為幾乎沒有人希望別人提及自己的隱私、痛處和禁忌，當別人提及這些並大做文章時，相信誰心裡都不會舒服。

俗話說打人不打臉，罵人不揭短。無論一個人的出身、地位、權勢、風度多麼傲人，也都有別人不能言及、不能冒犯的角落，這些都是他們不願提及的「瘡疤」，也是他們在社交場合極力隱藏和回避的問題。故意揭短是攻擊、敵視對方的武器，無意揭短是因為某種原因一不小心觸犯了對方的忌諱。不管你有心也好，無意也罷，在待人處世中揭人之短都會讓對方覺得不好受，輕則影響雙方的感情，重則導致友情的毀滅。

所以，要想與朋友和諧相處，就要儘量體諒他人，維護他人自尊，避開言語「雷區」，千萬不要戳人「老底」。否則，難保對方不會在惱怒的情況下給你點顏色瞧瞧。

被擊中痛處，對任何人來說，都不是一件令人愉快的事。與朋友相處，我們應該儘量做到知己知彼，瞭解對方的長處和短處，以及對方的忌諱所在。如果你一時不知對方的忌諱是什麼，說話就要謹慎。例如，在與朋友接觸時，要多誇他的長處，好漢願提當年勇。但不要拿對方不光彩的事做文章，因為那等於在朋友的傷口上撒鹽，是讓人難以忍受的。

許多人常常一激動或生氣，在講不出道理的時候，就輕易揭對方「老底」，於是矛盾就由此激化。就像夫妻吵架那樣，往往是因為互揭對方的瘡疤，才導致一發不可收拾。例如妻子口無遮攔地脫口說出：「你過去做了……」此話一出口，丈夫就更為惱怒了。

朋友在一起聊天，說著說著就開起了玩笑，很多人喜歡拿朋友的短處來開玩笑，自認為那樣很能調動聊天氣氛，其實那樣很容易傷害朋友的感情。即使朋友當面不提，但內心肯定不舒服。因為揭朋友傷疤，會讓朋友勾起一段不愉快的回憶，繼而讓朋友感到寒心，寒心的不光是因為舊痛，更因為對方過於糾纏自己的曾經。例如朋友可能會有這樣的心理：「都已經過去的事情了，現在還抓住不放，真是太過分了。」

所以，我們要杜絕自己揭人瘡疤的行為，除了知曉利害關係，提高自控能力外，還須完善自己的人格修養。當你在多管齊下的努力後，相信你會多考慮朋友的內心感受，從而杜絕揭穿對方「老底兒」的拙行，使友誼之路更加順暢。

對別人的隱私要守口如瓶

隱私，一般都是深藏人心的東西。如果有朋友將秘密告知於你，自然是對你抱有十分的信任。那麼，你就一定要管好自己的嘴，不要將這些秘密弄得人人皆知。即使是偶然間得知的消息，也不要到處散播。所謂「若要人不知，除非己莫為」，你的聲音遲早會傳到當事人的耳朵裡。小心因此而落下「大嘴巴」的名聲而惹人厭煩。

君子有所為、有所不為。一個人的嘴也應該一樣，要懂得有所言、也有所不言。但偏偏就有一些非常「熱心」的人，或是性格豪爽，或是閒來無事，總喜歡把自己知道的一些事情散佈出去，從而有意無意地鑄成了一把傷人的刀，給朋友帶來了傷害。

想要成為一個受人歡迎的人，就要懂得你對於朋友只有分憂解愁的義務，而沒有將他的任何隱私張揚出去的權力。如果不把保密作為一種對朋友的責任來對待，而是熱衷於蜚短流長，把朋友的悄悄話「大白於天下」，很可能會讓朋友落於一種很尷尬的境地。你不僅會為此失去要好的朋友，也會讓周圍的人對你產生一種防範和排斥的心理，使自己淪落到孤家寡人的境地。只有管好自己的嘴，才能收穫真摯的友誼。

長期以來，心理學家們就認為保守秘密的能力居於一個人心理健康發展的最中心位置。研究者們還發現，保守秘密的本事能加強一個人的吸引力。就像英國文學家奧斯卡‧王爾德說的那樣：「最常見的事物，只有當你把它藏起來的時候才會叫人高興。」能為朋友保守住秘密的人，才能在朋友眼中充滿魅力和吸引力。

保守秘密其實並非難事，喜歡散佈隱私的人一般分為兩種。

一種是口無遮攔型，也就是人們常說的有口無心。這種人一般說話的時候不習慣深思熟慮，習慣脫口而出，不經意間就將朋友的隱私洩露了出去。如果你是這樣的人，就一定要努力改掉自己心直口快的毛病，談話時儘量不要涉及與自己無關的話題。如果已釀成錯誤，要懂得及時道歉，讓朋友有可以彌補的餘地。

另一種是備感壓力型。這種人在知道朋友的隱私之後，往往會感到一種無形的壓力，她們不是沒有責任感，而是責任感太重。長期的重壓之下，便考慮要把壓力轉移到別人身上，於是就找了一個或幾個分壓的人朋友的隱私「轉交」了出去。如果你是這樣的人，也不難改正，儘快地把秘密從記憶裡抹掉，別把它放在心裡，當你什麼都不知道一樣，就可以輕鬆地避免「洩露」了。

朋友之間的相處之道，最基本的就是尊重和信任。所以，在人際交往中，你一定要嚴把「口關」，才能受人喜愛。

閒談莫論人非

我們和初見面的人或不甚熟悉的人交談時，對方的每一句話我們都會很留意，但隨著跟對方越來越熟悉，成為好朋友，就不免會放鬆下來，有時候不小心便說出傷害對方、或者令對方不高興的話。其實，在和熟悉的朋友說話時也不能口無遮攔。以下列出的這幾點就值得大家借鑒。

一、再熟悉的朋友也不要批評對方的親朋好友

人的性格是很奇怪的，有時明知自己或自己身邊的人一無是處，自己抱怨無關緊要，但若遭到別人批評或指責就覺得不愉快，不待見那個指責的人。所以，如果聰明的你遇到此類情況時，你應該及時地反應過來，補充上一兩句讚美的話。比如：「但是，每個人都有他自己的優點的，也許你還沒注意到。」這樣才不至於使你的朋友不開心，他會認為你是個善解人意的朋友，從而為你贏得好人緣。可見，無論對方是你多麼熟悉的朋友，都不要去批評對方的親人

或朋友。

二、不指責或嘲弄朋友的愛好

有個非常著名的企業家，最煩別人問他：「您最愛吃什麼東西？」因為他最愛吃肥肉，吃菜時專撿肥肉吃；如果據實回答愛吃肥肉，對方多數會說「怎麼喜歡吃肥肉呢？」「會不會妨礙健康？」等，而那位企業家則會心生一種不快感：「我喜歡吃肥肉關你什麼事！」

也許有人會覺得不可思議：「這人怎麼這麼小氣量，這種小事也會生氣？」其實，人的嗜好或趣味大多包含著很微妙的問題，只要不妨礙別人，喜歡什麼東西都是自己個人的自由，輪不到別人干涉。愛好、趣味被批評和不認同，容易引起一種被束縛的不快感，自尊心較強者甚至會認為這是一種侮辱。所以即使彼此關係密切，也不要去隨意批評對方的趣味。

三、即使只是開玩笑，也不要觸及對方在公司的地位

以前有對夫妻吵架，妻子質問丈夫：「你就打算一輩子做個沒出息的科長嗎？」那個先生一怒之下便痛打了妻子一頓。由此可知，對於男性而言，頭

銜和地位是一個很令男人介意的敏感問題，關係到面子問題，男性對於面子的看重，是女性難以理解的。所以言談時，我們務必要多留個心眼，再熟悉的朋友，即使只是開玩笑，也不要談到對方的頭銜、地位等有關面子的事。

四、不要隨便附和閒言碎語

當你的同事有一天忽然對你說：「我覺得小譚很驕傲，你認為呢？」你千萬不要附和說：「是啊！我也這麼認為！」因為說人壞話的人大抵是「廣播電臺」，這件事他既然和你說了，自然就會和別人說，當他和別人再提到這件事時，難免不會在後面加上你的名字說：「某某也這麼認為。」當然，這並不是最嚴重的，那個說人壞話者也很可能直接對小譚說：「某某說你很驕傲。」

對於這種喜歡打小報告的人應當敬而遠之。若是女性之間尚有所謂天真的成分，男性當中卻有人專用這種手法中傷或擊敗競爭者，又陰險又狡猾，叫人防不勝防。所以最好的方法是：當你遇到有人在閒言閒語，尤其是在背後說人壞話時，既不否定也不肯定，不要發表你的意見。聽過就算了，或者就當你根本沒聽見過。這樣做的目的不單單是為了保護自己，而且也是思想成熟者恪守的不與小人為伍的信條。

五、說人閒話時，壞話只占三成

常有人說，說人閒話時只說優點，實際上這是很難辦到的。畢竟，說些壞話也很有趣，大夥正在談論一個不在場的人的壞話時，如果你用字遣詞不夠慎重，其他人也許對你產生戒心：「這傢伙很精明」。

另外，如果一開口便說人壞話也不好。說人閒話時，應留意壞話只說三成，說讚賞占七成。就是那三成的壞話也不要對對方造成致命的打擊，這一點也是很重要的。

在人際關係複雜的社會上生活闖蕩，慎言，已經成為許多人處事的座右銘。而越來越多的事實表明，不在背後說人閒話，有優秀的自制能力，是獲得成功和青睞的重要保證之一。為此，我們也要多做「坦蕩蕩」的君子，莫做「常戚戚」的小人。

切莫逞一時口快，而刺傷他人

「蚊蟲遭扇打，只為嘴傷人。」人與人之間原本沒有那麼多的矛盾糾葛，往往只是因為有人逞一時之快，說話不加考慮，隻言片語傷害了別人的自尊，讓人下不來臺。

所以，我們在社交過程中，千萬不要以尖酸刻薄之言諷刺別人或者只圖自己嘴巴一時痛快，殊不知會引來意想不到的災禍。

美國總統佛蘭克林・羅斯福年輕時很驕傲，言行舉止，咄咄逼人，不可一世，後來有一位朋友將他叫到面前，用很溫和的語言說：「你從不肯尊重他人，事事自以為是，別人受了幾次難堪後，誰還願聽你矜持誇耀的言論。你的朋友將一個個遠離你。你再也不能從別人處獲得學識與經驗，而你現在所知道的事情，老實說，還是太有限了。」

羅斯福聽了這番話後，很受感動，決心痛改前非。從那以後，他處處注意，言行謙恭和婉，慎防損害別人的尊嚴和面子，不久，他便從一個被人敵視、無人願意與之交往的人，變為極受人們歡迎的成功人物。

說話不注意，只因一時口快就惡語傷人，不僅傷人面子，還會破壞朋友之間的感情，若本來就是不太熟悉的人，恐怕還會徒增怨恨。

有一天晚上，戴爾・卡內基參加一次宴會。

宴席中，坐在卡內基右邊的一位先生講了一段幽默，並引出了一句話，意思是「謀事在人，成事在天」。

他說那句話出自《聖經》。他錯了，戴爾・卡內基知道，且很肯定地知道出處，一點疑問也沒有。

為了表現出優越感，戴爾・卡內基立即糾正他。這位先生立刻反唇相譏：「什麼？出自莎士比亞？不可能，絕對不可能！那句話出自《聖經》。」

他自信確實如此！

那位先生坐在他右邊，卡內基的老朋友佛蘭克・格蒙坐在卡內基的左邊，他研究莎士比亞的著作已有多年，於是，卡內基和那位先生都同意向他請教。格蒙聽了，在桌下踢了卡內基一下，然後說：「戴爾，這位先生沒說錯，《聖經》裡有這句話。」

那晚回家的路上，卡內基對格蒙說：「佛蘭克，你明明知道那句話出自莎士比亞。」

「是的，當然，」他回答，「《哈姆雷特》第五幕第二場。可是親愛的戴爾，我們是宴會上的客人，為什麼要證明他錯了？不給他留面子呢？」

卡內基於是明白了自己的失誤，從此就再也不犯這樣的錯誤了。

逞一時口頭之快只會給自己樹敵，人際交往的原則應該是永遠避免跟別人發生正面衝突。只有謙卑待人，才能得到友誼。

但是，很多的人的口頭之快，都已經形成了一種習慣，只要是看到或者想到的事情，都會情不自禁地脫口而出。看人下棋，就是生活中常見的一個很好的例子。

但凡會下棋的人也喜歡看別人下棋。但要做到觀棋不語，那真是比登天還難！因為有興趣，就會「自作多情」地投入棋局之中，這麼一投入，不說話怎麼受得了？也許正因這樣，在棋壇上才有了「觀棋不語真君子」的說法。

但要知道，在看人下棋時，一時嘴快，把看出的棋著說了出來，是最招人討厭的。若碰上較真的棋手，弄不好，還會發生衝突。

我們在說話之前一定要經過大腦的過濾，好好地琢磨一番再開口。切忌不該說的話最好一句都不要多說。若只為滿足自己的一時口快而出言不慎，讓別人下不了臺，也會把自己的事情搞糟，是不禮貌的，也是不明智的。

口出狂言，最易招惹麻煩

「滿招損，謙受益」，這是再淺顯不過的道理。然而有許多自以為有點資歷的人總是在這個道理上犯錯。不知道是不是因為物欲文明的催生所致，如今社會上各類職業當中都有動輒口出狂言的人。

素有「蝙蝠俠」之稱的斯科特・皮朋在ESPN和ABA兩家電視臺上公開向太陽後衛史蒂夫・納什開火，「斯蒂夫（納什）的表現已經證明，他根本不配成為MVP！」皮朋評論比賽時說。

事後，ESPN電視臺馬上中止了和皮朋簽訂的轉播協議，並禁止他在ESPN有關媒體上露面。而ABA電視臺保留了他評論嘉賓的資格，但勸說他以後不要再發表攻擊他人的言論。納什得知情況後，也公開對皮朋進行了反駁。

著名的「大鬍子」籃球專欄作家皮特・維克西證實了這一消息，並在自己的博客中嚴厲批評皮朋的這一舉動，認為一向老實的皮朋現在為老不尊，頗有些嘩眾取寵的感覺。

維克西認為，當年皮朋在公牛隊打球時，和美國媒體一直採取不合作態度，結果導致如今很少有媒體關心他退役後的生活；寂寞難耐的皮朋現在只能像「查理斯爵士」（巴克利）那樣，依靠發表一些驚人言論來吸引人們的眼球。皮特・

維克西認為，皮朋這一言論根本沒有依據，這種假設和對比沒有絲毫意義。

沒想到皮朋屢教不改，這之後，他又一再宣稱雷霸龍・詹姆斯要比當年的喬丹優秀很多，引起了許多專家的質疑。

皮朋一直以來，給人們的印象總是謙遜、和藹、低調，但是近日他在美國ABA電視臺做嘉賓評論解說季後賽時，卻突然口出狂言，聲稱：「不光是詹姆斯，就連我也比當年的喬丹強！」一時間引起軒然大波。

「我認為不僅僅是雷霸龍・詹姆斯比喬丹優秀，我相信我同樣要比麥可強！」皮朋在ABA電視臺做節目時大言不慚地說道。頓時一片譁然，許多人給皮朋送上了噓聲。

皮朋拋出的「自己比喬丹強」的言論，更是引起公憤。維克西表示，自從查理斯（巴克利）在TNT電視臺胡說八道以來，自己還從未聽到過如此荒謬的言論。後來皮朋被ABA電視臺中止了合同，同時ESPN電視臺也禁止播放有關皮朋的電視節目。

口出狂言的人，往往愛慕虛榮，太過自大，並且常愛把自己的自大表現到嘴上來。但是他們並沒有意識到，他們是過了癮了，但是在別人的心目當中，他們的形象又下降了，因為他們從不依據事實，隨意誇大自己的行為使他們的人格力量變得微不足道。

可見，口出狂言的人到最後總不會有多好的下場。在他們洋洋得意地過嘴癮的時候，從來不考慮後果，也從來想不到每當他們吹噓完畢、並自以為得到某種精神上的滿足時，跟隨其後的有多少或明或暗的欷歔？

而且，口出狂言的人，在關鍵時刻最易掉鏈子，暴露出力不從心的低能，以至誤事誤人也誤己。因此，我們無論是在社交上，還是在平時的為人處世上，都應該做到「謙受益」，而不是口出狂言、狂妄自大的「滿招損」。

玩笑開過火就沒了「笑」果

沒有笑聲的生活和沒有幽默感的人都是無味的。在人際交往中，開個得體的玩笑，可以鬆弛神經，活躍氣氛，創造出一個適於交際的輕鬆愉快的氛圍，因而詼諧的人常能受到人們的歡迎與喜愛。但是，開玩笑要掌握好分寸，否則就很可能適得其反了。

開玩笑時要注意以下幾點：

一、態度要友善

開玩笑的過程是一種感情互相交流傳遞的過程，如果借著開玩笑對別人冷嘲熱諷，發洩內心厭惡、不滿的感情，那麼除非是傻瓜才識不破。所以，一定要把友善作為開玩笑的首要原則。

二、分清對象

同樣一個玩笑，可能會逗得甲哈哈大笑，卻會使乙感到氣憤。畢竟人的身分、性格、心情不同，對玩笑的承受能力也不同。對方性格外向，能寬容忍耐，玩笑稍微過大也能得到諒解；對方性格內向，喜歡琢磨言外之意，開玩笑就應慎重。

三、內容要高雅

開玩笑，如果沒有知識與品格做支點，便要流於一般的低級趣味了。所以要特別注意玩笑的內容。健康、格調高雅的笑料，不僅給對方啟迪和精神的享受，也是對自己美好形象的有力塑造。

鋼琴家波奇在一次演奏時，發現全場有一半座位空著，他對聽眾說：「朋友們，我發現這個城市的人們都很有錢，我看到你們每個人都買了兩三個座位的票。」

於是這半屋子聽眾放聲大笑。波奇無傷大雅的玩笑話使他擺脫了窘境。

四、不能觸及別人的隱私

每個人都有自己的秘密，都有一些壓在心裡不願為人知的事情。在與別人的閒聊調侃中，哪怕感情再好，也不要去揭別人的短，把別人的隱私公佈於眾，更不能拿來當作笑料。

中國有句老話說的是「禍從口出」，即是玩笑不能隨便開，尤其不能拿別人的隱私開玩笑之意。否則朋友之間的友情就很可能會戛然而止，也許在以後的生活中還會成為對頭。真正聰明的人，是懂得對他人的隱私持有尊重的態度，要知道有些事只能點到為止，才能給自己也給他人留下一片自由呼吸的空間。

另外，如果是身在職場的人，還應該注意：

不要拿同事的缺點作為開玩笑的噱頭。人往往對自己的弱點都十分在意，如果你隨意取笑對方的缺點，對方也許會認為你是在冷嘲熱諷。就因一句無心的玩笑話，觸怒對方，或使同事關係變得緊張，甚至毀了兩個人之間的友誼，那才真是得不償失。

不要開上司的玩笑。你要記住：上司永遠是上司，不要期望在工作崗位上能和他成為朋友。即便你們以前是同學或是好朋友，也不要自恃過去的交情與上司開玩笑。特別是在有別人在場的情況下，更應格外注意。

要明白捉弄人不是開玩笑。捉弄人絕不在開玩笑的範疇之內，這樣的事是不可以隨意亂做亂說的。捉弄別人是對別人的不尊重，會讓人認為你是惡意的。輕者會傷及你和同事之間的感情，重者會危及你的飯碗。

不要和異性同事開過分的玩笑。如果分寸把握得好，異性之間開個玩笑可以調節緊張的工作氣氛，也能縮近彼此間的距離。但切記異性之間開玩笑不可過分，否則容易弄巧成拙，引發尷尬。

調侃時口不擇言，對方很可能會認為你是有意跟他過不去，即使你是出於言者無意，但也難免聽者有心，從此對你恨之入骨。所以，在製造幽默的時候，千萬注意不要讓你的玩笑開過了頭。

跳槽後，也得給老團隊多留口德

即使一個人一生大部分時間都在做好事，但是只要犯一個嚴重的錯誤，也足以毀掉他一生的功績。說話也是一樣，無論他的能力有多強，如果他是一個口德極差的人，那麼有可能整個社會都不會給他提供理想的棲身之地和施展空間。

一所寺院的住持對一個新來的小和尚說：「每到年底，你都要向我說兩個字，來總結你這一年來的感受。」

第一年年底，小和尚對住持說「床硬」，第二年年底，小和尚說「食劣」，第三年年底，小和尚還沒等到向住持彙報的時間，就說道：「告辭。」

望著小和尚的離去的背影，住持搖搖頭嘆道：「心中有魔，難成正果。可惜！可惜！」

住持口中那所謂的「魔」，其實就是指一個人心中喋喋不休的抱怨，從來都是只考慮自己要什麼，卻從來沒有想過自己給予了別人什麼。這種「魔」已經在小和尚的心裡紮根了。於是，他在寺院裡待的時間越長，抱怨也就會越多，以至最後只能離開。

在職場上，類似小和尚一樣的人並不少見。由於這種人抱怨成性，且不從自己身上發現問題，這就註定了他們不可能在職場裡有所作為。他們有一張封不住的嘴，天天都在發牢騷、講抱怨。總是覺得別人欠自己的太多，社會欠自己的太多，卻從來不從自己身上找原因。所以，他們走到哪，就會將抱怨帶到哪裡去，腦子裡的「魔」會不分人前人後地從嘴裡往外竄。他們常常會在融入一個新團隊之後，就對老團隊的上上下下指指點點、說三道四，不留一點口德。以此來證明自己的精明和別人的無能。

特別是在接受面試或者別人詢問的時候，但凡跳槽者，都應該給自己一個充分的跳槽理由：為什麼要跳槽？為什麼要離開原單位？對這類問題的回答，明智的人會說一些原單位在機制、產品等方面的局限性，或自己崗位工作的局限性；但是，管不住自己嘴的人一接觸到這樣的問題，就會滔滔不絕地把原單位說得一塌糊塗，通過貶低別人來反襯自己，結果往往適得其反。

現在很多公司在招聘跳槽而來的員工時，之所以都會詢問求職者在原來單位情況，其目的一是想考察跳槽者對新公司是否能做到忠誠，而在沒有正式接觸和工作之前，這種忠誠的評判往往只能從應聘者對原單位的描述中來獲取。

如果你過河拆橋的話，招聘者顯然就會對你懷有戒心：今天你能為了新工作把原單位說得一無是處，誰能保證明天你不會為了下一份工作而將現在的單位罵得體無完膚呢？

第二個目的是為了考察跳槽者在對原單位評價時，帶有多少個人情緒的色彩。如果你的批評個人情緒色彩強烈，極可能成為一種為達到個人某種目的而進行不留口德的語言攻擊。面對這樣不理智的人，哪個公司的招聘者敢錄用你？

如果你所擔任的職位很重要的話，那麼，新單位可能會通過各種手段、管道來瞭解你在原單位的表現。如果你的攻擊傳到了原單位，那麼原單位對你的評價也就可想而知了。

「人往高處走」。在當今社會，跳槽現象並不為奇，如果你還沒有在新團隊裡找到屬於自己的合適位置，創造出輝煌的業績，就急著喋喋不休地展開抱怨和批評，想以這種貶低老團隊的手段來抬高自己在新團隊的人緣和地位的話，那你可就大錯特錯了！

別濫用「口頭禪」

「口頭禪」最初是佛教禪宗用語，本意指未經心靈證悟就把一些現成的經言和公案掛在嘴邊，裝作很得道的樣子。演變至今，口頭禪成了個人習慣用語的代名詞，多用於代指那些基本未經大腦就已脫口而出的話。

幾乎每個人都有他的口頭禪，就像每個人都有他的習慣動作一樣。在不知不覺中，它已構成你個人形象的一部分，甚至是重要的一部分。語言的風格是個人文化素養的體現，你擁有某種氣質的口頭禪，你也就容易被人視為屬於某種氣質的人。

我們經常聽到和運用的口頭禪一般分兩類：職業用語經過縮略而俗成的慣用詞和完全屬於社會流行用語。

職業慣用語多用於同事之間的交流，只要對話者雙方都能領會，則無可厚非。但若對方與你並非同一職業，用職業慣用語當口頭禪就顯得有些不妥了。尤其是服務行業，內部員工就常用慣用語對話，有時沒管好自己的嘴，也將行業慣用語當作口頭禪與客人去說。很可能就會造成尷尬，甚至鬧出笑話來。

李芸是一名空姐，在飛機著陸之前，她們必須在進行安全檢查的同時，把一切留在飛機上的供應品，包括飲料、用具用封條封好保存。為了方便，她和同事之間就將這種保存物品的行為問答簡稱為「封了嗎？」「封了」。

一次，一位乘客在飛機即將著陸的時候才從睡夢中醒來，睡眼惺忪地向李芸要杯可樂，李芸脫口而出：「啊，可樂？我們都封了！」

乘客瞪大了眼睛，半帶怒氣地說道：「什麼？你們這是什麼服務態度？我要杯可樂，你們就都瘋了？」

看著滿臉不快的乘客，李芸意識到了自己口頭上的失誤，於是，趕忙解釋。好在乘客終於理解了，但卻逗得其他在座的乘客都哈哈大笑，那一刻的李芸和那位誤解意思的乘客都顯得尷尬極了。

由此可見，職業行話是不能被當做口頭禪隨便使用的，否則就很容易造成誤解。

而使用社會流行用語作為口頭禪的現象則更為普遍，然而口頭禪有討人喜歡的，但也有討人嫌的。一個滿口污言穢語，開口便是國罵、鄉罵等口頭禪的人，自然讓人覺得粗魯無教養；而若「有請」、「謝謝」、「對不起」則是文明、有教養的象徵。一個經常喜歡在說話時插幾句「講老實話」、「我實事求是跟你講」的人在別人心目中會顯得誠懇實在；而總是愛講「真沒勁」、「真無聊」的人，不管你是有意無意，你的形象也會顯得疲憊沉悶。

那些討人嫌的口頭禪或多或少地都有損自己的形象。還有更糟糕的口頭禪，就是輕諾式的口頭禪。比如一些人其實並沒有什麼真本事，卻逢人逢事便「有事找我」「沒問題」之類的話張口即來，都有可能誤人誤己。

另外，那些討人嫌的口頭禪甚至還會阻礙你的人際交往。

語言本來就是一種習慣，當你習慣了用別的詞語來表達意思時，那些令人厭惡的口頭禪也就隨之消失了。

不要向有利益衝突的人吐露心聲

在生活和工作中，每個人都會有些煩心事，傾訴之前要慎選傾訴對象，你也許只是想發發牢騷，沒有其他的目的，更無意要傷害和對付誰，但是說者無意聽者有心，他們雖然沒有很認真地聽你訴說，但未必跟你是同一條心。小心你說的那些「心裡話」，有一天會變成他對付你的「利器」。

每個人都有尋求他人理解的本能。如果有一天，你遇到一個你以為很理解你、很能談得來的人，當你和他談心時，你也許會有偶爾的情緒衝動，忍不住把自己內心的秘密告訴對方，根本不會去考慮這種傾訴可能會給你帶來一些嚴重的後果。直到有一天，當一些中傷你的流言蜚語或者慘痛結局向你襲來，你才如夢初醒，但已經悔之晚矣。

特別是在職場上，辦公室是一個充滿競爭的地方，是一個人人削尖腦袋追求自己最大利益的場所。如果你讓同事瞭解了你的心聲，很可能有一天這些會成為對方的把柄。

當你心中有不滿的時候，傾訴一下心中的苦悶是可以理解的，但是，在向別人吐露心聲之前，要先想清楚，對方是不是你多年的摯友或你的親人？如果不是的話，除非是為尋求幫助非說不可，否則不要輕易向其他人特別是與你有利益衝突的人吐露你的心聲。雖然他或她可以向你保證會保守秘密，甚至立下誓言。但是「嘴」畢竟長在別人身上，以後的事情誰也無法預料。也許你說出內心的隱秘後會覺得輕鬆一些，事實上，你這是把身上最脆弱的一面暴露給了別人。尤其是當你的傾訴產生了不好的後果時，無疑給你增加了更大的精神負擔。

所謂「害人之心不可有，防人之心不可無」。為了生存和競爭的考慮，最好避免與有利益衝突的人建立過於親密的友誼，也一定不要選擇與他們來談論「交心」的話語。一旦跟他們發生衝突，你的話就會變成一把利刃，傷了感情又苦了自己。

十天內，使自己成為說話高手
——溝通心理學

作者： 張笑恒
發行人：陳曉林
出版所：風雲時代出版股份有限公司
地址：10576台北市民生東路五段178號7樓之3
電話：(02) 2756-0949
傳真：(02) 2765-3799
執行主編：朱墨菲
美術設計：吳宗潔
業務總監：張瑋鳳

初版日期：2024年9月
版權授權：呂長青
ISBN：978-626-7510-00-1

風雲書網：http://www.eastbooks.com.tw
官方部落格：http://eastbooks.pixnet.net/blog
Facebook：http://www.facebook.com/h7560949
E-mail：h7560949@ms15.hinet.net
劃撥帳號：12043291
戶名：風雲時代出版股份有限公司

風雲發行所：33373桃園市龜山區公西村2鄰復興街304巷96號
電話：(03) 318-1378
傳真：(03) 318-1378
法律顧問：永然法律事務所 李永然律師
北辰著作權事務所 蕭雄淋律師

行政院新聞局局版台業字第3595號 營利事業統一編號22759935

定價：340元

國家圖書館出版品預行編目資料

十天內,使自己成為說話高手：溝通心理學 / 張笑恒著. -- 初版. -- 臺北市：風雲時代出版股份有限公司, 2024.09 面； 公分

ISBN 978-626-7510-00-1(平裝)
1.CST: 傳播心理學 2.CST: 溝通技巧 3.CST: 人際關係
177.1 113008861